本书受山东师范大学经济学院学科

本书受山东师范大学经济学院学科

财智睿读

全球价值链嵌入背景下
中国产业升级研究

刘冬冬◎著

Study on Industrial Upgrading in China under Global Value Chains Participation

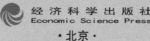

中国财经出版传媒集团

经济科学出版社
Economic Science Press

·北京·

图书在版编目（CIP）数据

全球价值链嵌入背景下中国产业升级研究／刘冬冬著．-- 北京：经济科学出版社，2024.8. -- ISBN 978 - 7 - 5218 - 6284 - 3

Ⅰ. F269.24

中国国家版本馆 CIP 数据核字第 20244Q4L12 号

责任编辑：冯　蓉
责任校对：隗立娜
责任印制：范　艳

全球价值链嵌入背景下中国产业升级研究
刘冬冬　著
经济科学出版社出版、发行　新华书店经销
社址：北京市海淀区阜成路甲 28 号　邮编：100142
总编部电话：010 - 88191217　发行部电话：010 - 88191522
网址：www. esp. com. cn
电子邮箱：esp@ esp. com. cn
天猫网店：经济科学出版社旗舰店
网址：http://jjkxcbs. tmall. com
北京季蜂印刷有限公司印装
710×1000　16 开　13.5 印张　188000 字
2024 年 8 月第 1 版　2024 年 8 月第 1 次印刷
ISBN 978 - 7 - 5218 - 6284 - 3　定价：80.00 元
（图书出现印装问题，本社负责调换。电话：010 - 88191545）
（版权所有　侵权必究　打击盗版　举报热线：010 - 88191661
QQ：2242791300　营销中心电话：010 - 88191537
电子邮箱：dbts@ esp. com. cn）

CONTENTS 目 录

第1章

绪　　论

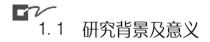

1.1　研究背景及意义

1.1.1　研究背景

1.1.1.1　现实背景

目前，中国存在"高端产业低端化"和"高技术不高"现象，并且面临"双向挤压"的严峻挑战。中国部分产业在全球价值链中的低附加值环节，面临被发达国家跨国企业低端锁定的风险，并且多数产业属于低附加值的劳动密集型产业或位于高端产业的低端制造环节（戴翔和金碚，2014），而多数高技术产业中的核心技术依赖进口（贾根良，2018）。当前，中国制造业增加值率约为21%，发达国家则为35%～40%；中国人均制造业增加值只有3 000多美元，仅为发达国家水平的1/3（黄汉权，2017）。中国产业传统的资源禀赋比较优势逐年失去，土地、劳动力等要素价格越来越高，资源、环境的约束越来越紧，部分产业的产能过剩，同时越来越多的国家参与到全球竞争中，全球要素出现高端回流低端转移的重塑阶段（刘志彪和吴福象，2018），美国、德国等发达国家推进高起点"再工业化"，印度、越南等发展中国家加速工业化，产业要素成本快速提高，利用经济全球化深入发展和原有比较优势的条件发生深刻变化，中国产业面临不断被挤占的危机。因此，如何顺利实现产业升级成为中国亟待解决的关键问题。

与此同时，商务部等部门在 2016 年联合下发《关于加强国际合作提高我国产业全球价值链地位的指导意见》，明确指出深化全球价值链合作，帮助相关产业突破升级面临的核心瓶颈制约。改革开放以来，中国凭借生产要素低成本的竞争优势嵌入全球价值链，全球价值链的参与程度不断增加，一定程度上促进了中国产业的优化升级。然而，中国部分产业依然被发达国家锁定在全球价值链的低附加值环节。并且，目前中国经济已经由高速增长阶段转向高质量发展阶段，正处在转变发展方式、优化经济结构、转换增长动力的攻关期。此时，中国产业发展的方向由产业结构调整的主线转向产业升级，同时制定了《智能制造发展规划（2016－2020 年）》《国家创新驱动发展战略纲要》等政策，为产业升级奠定了坚实基础。全球新一轮科技革命和产业变革呈加速趋势，技术革命迅猛发展，带动应用领域和新业态不断取得创新突破，数字化和智能化加速推进，并且新能源技术、材料技术和生物技术等新技术创新发展，将深刻改变世界发展格局（国务院发展研究中心，2018）。那么，随着全球价值链分工的不断深入，中国参与全球价值链分工是否真的有利于产业升级？

1.1.1.2　理论背景

理论上而言，全球价值链嵌入会对产业升级带来两种不同效果。一方面，全球价值链嵌入的规模效应、竞争效应和产业关联效应促进产业升级。全球价值链的规模效应能够增加企业的边际利润率（Bøler et al.，2015）、降低企业的创新边际成本和准租金（Bloom et al.，2016）以及促进全球资源配置效率（马述忠和吴国杰，2016）提高生产率

（吕越等，2017；王思语和郑乐凯，2019），从而实现产业升级；全球价值链嵌入的竞争效应能够促进企业主动进行研发，降低生产成本和扩大市场份额（Peretto，2003），以及保持竞争优势（Aghion et al.，2009）或者发挥其后发优势（刘仕国等，2015），从而促进产业升级；全球价值链嵌入的产业关联效应能够促进企业对其上游企业或下游企业产生知识溢出，从而促进企业的技术进步，实现其产业升级（张辉，2005）。另一方面，全球价值链嵌入的低端锁定效应、技术吸收能力的门槛效应和挤出效应抑制产业升级。全球价值链嵌入的低端锁定效应使发展中国家跨国企业被发达国家跨国企业所"俘获"，对全球价值链的低附加值活动产生路径依赖（Sturgeon and Kawakami，2010；杨虎涛和田雨，2015），阻碍了其产业升级（黄宁和张国胜，2015；吕越等，2018）；全球价值链嵌入的技术吸收能力的门槛效应使发展中国家跨国企业对外溢技术的掌握取决于其技术吸收能力（Cohen and Levinthal，1989；黄凌云等，2007；Molinari et al.，2013；谢建国和周露昭，2014），吸收能力低于门槛水平的企业可能使国外技术对本土创新呈现"创新替代"效应（肖利平和谢丹阳，2016）；全球价值链嵌入的挤出效应使发达国家跨国企业对全球价值链进行重构，寻找新的"工资洼地"，实现低端制造环节的重新配置，使部分发展中国家跨国企业与其脱钩（田文等，2015），存在被挤出全球价值链的风险（Humphrey and Schmitz，2002；刘志彪和吴福象，2018），难以依赖全球价值链进行产业升级（魏龙和王磊，2017）。

那么，全球价值链嵌入对产业升级到底有何影响？考虑到产业或部门间升级已经转变为全球价值链背景下的工艺升级和产品升级等多种形态的升级，本书拟运用质量内生决定理论模型和内生经济增长模型，设定全球价值链嵌入影响工艺升级和产品升级的理论框架，进一步深入分析全球价值链嵌入影响产业升级的作用机制，同时结合中国现有的相关数据从工艺升级和产品升级及其协调发展视角实证考察全球价值链嵌入对产业升级的影响。

1.1.2 研究意义

1.1.2.1 现实意义

新时代下，继续深入研究产业升级问题，尤其是厘清全球价值链视角下中国工艺升级和产品升级及其协调发展的决定机制和影响因素，具有重要的现实意义。具体而言，一是，从全球价值链视角下探讨中国产业升级路径协调发展的内涵、作用机制和影响因素，这为中国在开放背景下迈向全球价值链中高端，提高现代化经济体系的国际竞争力具有重要指导意义；二是，在分析全球价值链嵌入影响产业升级时，重点分析了创新驱动对两者关系的影响，理论分析表明全球价值链嵌入能够通过创新驱动效应影响产业升级，并通过实证研究证明了上述结论，这为中国加快实施创新驱动发展战略，强化现代化经济体系的战略支撑提供了重要理论和实证支撑；三是，以制造业作为研究对象，探讨全球价值链嵌入对制造业工艺升级和产品升级及其协调发展的影响，这为中国发展实体经济特别是制造业，筑牢现代化经济体系提供了重要理论参考；四是，从空间视角考察中国工艺升级与产品升级协调发展水平的区域差异性及其收敛性，这为中国积极推动区域协调发展，优化现代化经济体系的战略布局提供了更多方向性指导。

1.1.2.2 理论意义

现有研究针对全球价值链嵌入影响产业升级的影响缺乏全面系统的理论研究。本书基于质量内生决定理论模型和内生经济增长模型，构建全球价值链嵌入影响工艺升级和产品升级的理论框架，进一步深入分析全球价值链嵌入促进产业升级的直接作用机制，全球价值链嵌入抑制产业升级的直接作用机制，以及全球价值链嵌入影响产业升级的间接作用机制，同时结合中国现有的相关数据从工艺升级和产品升级及其协调发展视角实证考察全球价值链嵌入对产业升级的影响，这对于深刻理解全球价值链嵌入对产业升级的影响具有重要理论意义。

1.2　概念界定与研究内容

1.2.1　概念界定

1.2.1.1　产业升级路径

本书中的产业升级路径主要指工艺升级和产品升级。全球价值链背景下工艺升级和产品升级是产业升级的重要路径，因此本书从产业升级的概念出发对工艺升级和产品升级的概念进行界定。理论界主要从产业升级本质和方式两个层面对产业升级这一概念进行界定，但在这两个层面均未形成统一观点。

从产业升级本质层面看，基于微观层面的企业竞争优势提升和基于宏观层面的产业比较优势优化成为产业升级这一概念界定的争议。格里芬（Gereffi，1999）指出，产业升级是指企业从劳动密集型领域转向价值含量更高的资本密集型、技术密集型领域的过程，这在价值链中体现的是从加工、制造等低附加值活动向研发、营销等高附加值转变的过程。庞特（Poont，2004）指出产业升级是指生产者不断使产品从劳动密集型向资本密集型、技术密集型产品转移的过程。上述学者认为产业升级的本质是企业生产能力和竞争力的提升，即竞争优势的提高，而有的学者则认为其本质是国家比较优势的发挥。林毅夫等（1999）指出国家应该选择与其比较优势相符合的产业结构，劳动密集型产业向资本密集型产业转变，然后逐步向技术密集型转变，甚至转变到信息密集型，这一过程被称为产业升级。迈克尔·波特（2002）认为产业升级是指国家资本要素、技术要素相对于劳动力要素、土地要素等其他资源禀赋更加丰富时，要素比较优势促使国家向资本密集型产业、技术密集型产业转变的过程。张其仔（2008）指出国家根据比较优势，对产业升级的路径进行调整，有利于国家发展。此外，在索洛（Sollow，1956）、斯旺（Swan，1956）的基础上，阳立高等（2018）指出产业升级是指产品与工艺在技术水平的提升下不断进行更替，从而推动经济快速增长的动态过程。

从产业升级方式层面看，产业间升级和产业内升级是产业升级的两种升级方式。格里芬（Gereffi，1999）认为产业升级可以分为产品、经济活动、部门内和部门间4种层次上的升级。其中，产品升级是指产品的生产由简单向复杂转变的过程；经济活动升级是指企业对研发设计、生产制造、营销能力提升的过程；部门内升级是指从制造等低附加值环节转向营销、服务等高附加值环节的过程；部门间升级是指从劳动密集型产业向资本密集型产业转变，然后向技术密集型转变的过程。根据上述分析可知，产品、经济活动和部门内升级属于产业内升级，而部门间升级属于产业间升级。恩斯特（Ernst，2001）指出产业升级包括产业间升级、要素间升级、需求升级、功能升级和链接上的升级等五个升级类型。其中，产业间升级是指低附加值产业向高附加值产业转移的过程；要素间升级是指从"禀赋资产"（物质资本、人力资本）向"创造资产"（社会资本）转移的过程；需求升级是指从消费的角度来看，从必需品向便利品转移，再向奢侈品转移的过程；功能升级是指从价值链的角度来看，从销售、分配向组装、生产、研发和整合转移的过程；链接上的升级是指在链接的层级中从产品到支持性服务转变的过程。综上可知，要素间升级、需求升级、功能升级和链接上的升级是产业内升级的方式。

汉弗莱和施密茨（Humphrey and Schmitz，2002）基于全球价值链的视角认为工艺升级、产品升级、功能升级和跨产业升级是实现产业升级的主要路径，并指出工艺升级、产品升级和功能升级是产业内升级的方式，跨产业升级是产业间升级的方式。其中工艺升级的含义是企业通过重组生产系统（如新机器的购买）或引入高级的技术促进生产工艺进步，从而将较少投入转化为较高产出的过程；产品升级的含义是企业在工艺升级的基础上，在质量和技术两个方面对产品进行改善，同时也包括企业更新产品的能力；功能升级是指企业获得附加值更高环节功能的过程，如企业首先从基本加工环节转向贴牌生产（Original Equipment Manufacture，OEM）阶段，其次伴随技术的提高，转向自己设计制造（Own Design Manufacture，ODM）阶段，最后进行自有品牌制造（Own Brand Manufacture，OBM）；跨产业升级即价值链升级，是指企业通过获得的能力转向生产高附加值产品的价值链的过程。盛斌和陈帅（2015）认为跨产业升级中的价值链可能属于同部门价值链，也可能属于完全不同的行业。

综上可知，从产业升级本质和产业升级方式层面定义的产业升级概念存在较大差异，因此应该根据研究的实际问题对产业升级概念进行界定。考虑到本书研究全球价值链嵌入对中国产业升级的影响，本书借鉴汉弗莱和施密茨（Humphrey and Schmitz，2002）对工艺升级和产品升级的定义进行界定。工艺升级是指企业通过重组生产系统（如新机器的购买）或引进新的生产技术，从而将较少投入转化为较高产出的过程。基于上述概念，本书选取技术改造经费支出、技术引进经费支出、消化吸收经费支出、研究与试验发展内部经费支出和劳动生产率5个指标，构建衡量中国制造业和区域工艺升级的综合评价指标体系。产品升级是指企业（行业或区域）在工艺升级的基础上，在质量和技术两个方面对产品进行改善，同时也包括部门更新产品的能力。基于上述概念，选取新产品开发项目数、新产品开发经费、新产品销售收入和发明专利申请数4个指标，构建衡量中国制造业和区域产品升级的综合评价指标体系。上述概念主要涉及第3章、第4章、第5章和第6章。其中，第3章探讨全球价值链嵌入影响产业升级的理论分析；第4章实证分析全球价值链嵌入对中国产业升级的影响；第5章从行业和区域两个方面测度中国产业升级路径协调发展水平及收敛性分析；第6章实证研究全球价值链嵌入对中国产业升级协调发展的影响。

1.2.1.2 工艺升级与产品升级协调发展

协调发展概念的溯源。协调发展是对协调概念的进一步推广（王维国，1998），因此本书首先明确协调这一重要概念。协调一般与系统相联系，用于反映系统内部或系统之间的和谐融洽、配合得当的状态。如王维国（1998）基于协调是事物发展态势，且与系统演化有关的观点，认为协调并非仅仅是指系统与系统之间存在量上的固定比例，也包括子系统间相互协作的一种动态演进趋势。杨士弘等（1996）、孟庆松和韩文秀（1999）基于系统协调的视角，认为协调是指系统与系统之间或系统中的要素与要素之间的良好关联，且在发展演化过程中具有彼此的配合得当的关系。通过上述分析可知，协调是系统间的良好关联。然而，发展则是系统的演进过程。如廖重斌（1999）认为发展是指系统或系统中的要素的变化过程，且存在逆发展（发展的对立面）和零发展（维持现状不变）的状况（杨士弘和廖重斌，1992）。

协调发展概念的扩展。通过上述对协调发展概念的分析可知，从系统理论的角度定义的协调发展这一概念已基本达成共识，但根据研究对象的不同，学者们往往对协调发展概念的界定存在差异。如陈群元（2009）将系统论、协同论和控制论三个系统科学理论方法与城市群协调发展联系起来，在此基础上提出城市协调论。李应博和刘震涛（2011）认为产业协调发展是指各个产业间彼此形成良性互动关系，产业资源和产业效益分配中形成均衡协调的格局。刘林川（2014）认为虚拟经济与实体经济协调发展是指虚拟经济与实体经济两个子系统之间及其各自内部各要素间在数量与结构上搭配得当，运转有效，使整个经济系统在高效运转，促进经济增长的同时还能够避免经济系统的波动，最终实现系统经济福利最大化的状态。唐晓华等（2018）基于产业演变的角度，认为制造业与生产性服务业的协调发展不仅仅是因果关系，更重要的是制造业与产生性服务业间的协同关系（Kelle，2012）。

工艺升级与产品升级协调发展的概念界定。根据前文对协调发展内涵的阐述，本书尝试对工艺升级与产品升级协调发展的概念进行界定：工艺升级与产品升级协调发展是指工艺升级系统和产品升级系统两个子系统之间及其各自内部各要素间配合得当、相互促进、和谐一致，并且具有整体性和动态平衡性特征的演进过程。在产业升级的过程中，工艺升级和产品升级两者相辅相成。具体表现为如下两个方面。一方面，当工艺升级相对产品升级滞后，具体表现为生产工艺落后和投入高产出低，使企业技术吸收能力不足，资源利用率低，生产成本升高，进而造成利润率降低。为了改善生产率和利润率低的现状，企业会重视工艺升级的重要性，改善生产工艺，从而促进工艺升级与产品升级协调发展。另一方面，当产品升级相对工艺升级滞后，具体表现为产品技术复杂度低和更新产品能力低，使企业的产品种类单一且不存在比较优势，在产品市场中不具备竞争优势，降低了企业的生产率和利润率。为了改善生产率和利润率低的现状，企业会提升新产品开发能力，生产新产品，从而促进产品升级与工艺升级协调发展。基于上述概念，本书运用构建的工艺升级和产品升级的综合评价指标体系，采用耦合协调度模型测度中国制造业和区域工艺升级与产品升级协调发展水平。上述概念主要涉及本书第 5 章和第 6 章。

1.2.1.3　全球价值链

全球价值链的概念溯源。全球价值链这一概念可以追溯至迈克尔·波特于 1980 年从企业微观视角提出的价值链概念，他认为价值链是指企业涵盖的设计、生产、销售、配送以及辅助活动等功能互不相同但又相互联系的增值活动，属于企业内部价值链。此外，他还从外部价值链的角度提出价值系统的概念。为全面反映价值链的特点，科格特（Kogut，1985）从增加值的视角提出价值增值链的概念，即企业将技术、原材料和劳动等基本要素投入生产环节，从而生产出最终商品，并最终通过市场交易等方式到达消费者手中的价值配置过程。格里芬

（Gereffi，1999）基于商品链的概念霍普金斯（Hopkins，1986）提出了全球商品链的概念，认为全球商品链是指为生产某种产品，世界不同地方的企业通过紧密联系进行原材料投入、运营组合、劳动力供应、市场营销和最终消费等投入和产出环节，从而形成的国际网络关系。

在全球商品链的概念基础上，格里芬（Gereffi，2001）从空间布局的角度提出了全球价值链（Global Value Chains，GVCs）的概念，即国家根据产品生产过程中的价值组成的价值链条，包括价值的创造者、价值在链条中的位置和价值在国家间的分配。斯特金和李（Sturgeon and Lee，2001）指出全球价值链主要包括组织规模、地理分布和生产性主体三部分，描述了产品从生产到交货的过程。联合国工业发展组织在2000～2003年度工业发展报告中指出全球价值链的定义，即在全球范围内实现原料收集到最终品消费，从而实现利润分配的全球性跨企业网络组织。英国萨塞克斯大学发展研究所则认为，全球价值链是指产品在全球范围内（或某一特定区域）创造价值的一系列生产活动，包括产品的研发设计、生产销售以及营销服务等实现价值的各种活动。

全球价值链的概念界定。本书借鉴上述全球价值链的概念，认为全球价值链是指产品在全球范围内创造价值的一系列生产活动，包括产品的研发设计、生产销售以及营销服务等实现价值的各种活动，其本质是不同国家根据生产产品的活动组成的产品价值链。本书中的全球价值链主要指中国制造业全球价值链嵌入位置和嵌入程度，其中基于增加值和最终产品生产分解方法，测算中国制造业全球价值链的位置指数和全球价值链参与度分别衡量全球价值链嵌入位置和嵌入程度。具体而言，上述概念主要涉及第3章、第4章和第6章。

1.2.2 研究内容

本书以全球价值链嵌入影响中国产业升级为研究对象，其中全球价值链嵌入主要包括中国制造业全球价值链嵌入位置和全球价值链嵌入程度的演进规律和发展现状；产业升级路径指中国制造业工艺升级和产品升级及其演进趋势和发展现状，以及对其产生重要影响的全球价值链分工特征和要素驱动机制；产业升级路径协调发展包括中国制造业和区域工艺升级与产品升级耦合协调程度及其演进趋势、现状和收敛性特征，以及对其产生重要影响的传统要素禀赋、产业特征和全球价值链分工特征。本书遵循"问题提出（第1章）——研究回顾（第2章）——理论分析（第3章）——实证研究（第4章、第5章和第6章）——应对策略（第7章）"的逻辑思路展开研究，具体研究内容如下：

第1章：绪论。主要阐述现实背景和理论背景、现实意义和理论意义、工艺升级和产品升级及其协调发展的概念、全球价值链的概念、研究内容、研究方法、技术路线图和创新点。

第2章：文献综述。首先，阐述了产业升级的相关研究，包括产业升级的理论发展历程、类型、测度方法和影响因素；其次，介绍了全球价值链的相关研究，包括全球价值链的理论起源、驱动类型、治理模式和测度方法；再次，综述了全球价值链嵌入影响产业升级的相关研究，包括全球价值链与产业升级的关系、全球价值链的治理模式对产业升级的影响、全球价值链嵌入对产业升级的影响；最后，对上述相关文献进行述评，找出现有研究的不足以及可能改进的方向。

第3章：全球价值链嵌入影响产业升级的理论分析。理论分析全球价值链嵌入对产业升级的影响，首先，运用质量内生决定理论模型和内生经济增长模型，设定全球价值链嵌入影响产业升级的理论框架，验证技术创新对产业升级的影响；其次，分析全球价值链嵌入影响技术创新进而对产业升级影响的作用机制，包括全球价值链嵌入促进产业升级和抑制产业升级的直接作用机制，以及全球价值链嵌入通过创新驱动和人力资本影响产业升级的间接作用机制。

第4章：全球价值链嵌入影响中国产业升级的实证分析。通过构建工艺升级和产品升级的综合评价指标体系，对中国制造业工艺升级和产品升级综合发展水平，以及全球价值链的嵌入位置进行测度，并分析其演进趋势和发展现状。在上述分析的基础上，采用可行广义最小二乘法实证研究全球价值链嵌入位置对中国制造业工艺升级和产品升级的影响，同时运用中介效应模型验证全球价值链嵌入位置影响中国制造业工艺升级和产品升级的间接作用机制。

第5章：中国产业升级路径协调发展测度及收敛性分析。首先，从行业层面和区域层面构建工艺升级与产品升级协调发展程度指标体系，使用耦合协调模型对其协调发展水平进行测度，并分析其演进趋势；其次，构建 σ 收敛模型、绝对 β 收敛模型和条件 β 收敛模型探讨中国制造业工艺升级与产品升级协调发展的收敛性；最后，建立 σ 收敛模型、β 收敛的空间自回归模型和 β 收敛的空间误差模型考察中国省际工艺升级与产品升级协调发展的空间收敛性。

第6章：全球价值链嵌入对中国产业升级路径协调发展的影响研究。对中国制造业工艺升级和产品升级协调发展水平进行测度，同时基于增加值和最终产品生产分解方法对制造业全球价值链嵌入程度进行测度，并分析其典型事实。然后，采用双向固定效应模型实证研究全球价值链嵌入程度对中国制造业工艺升级和产品升级协调发展的影响。

第7章：研究结论与政策建议。对上述研究结论进行总结，并依据研究结论提出相应的政策建议。

1.3 研究方法与技术路线

1.3.1 研究方法

1.3.1.1 文献分析法

运用文献分析法，本书对工艺升级和产品升级及其协调发展和全球价值链的概念进行界定；对产业升级的理论发展历程、类型、测度方法和影响因素，全球价值链的理论起源、驱动类型、治理模式和测度方法，以及全球价值链与产业升级的关系、全球价值链治理模式对产业升级的影响、全球价值链嵌入对产业升级的影响等相关文献进行归纳和总结，找出现有研究的不足和本书的拓展研究方向。

1.3.1.2　数理模型

使用数理模型，本书深入探讨全球价值链嵌入对产业升级的影响。具体而言，本书基于质量内生决定理论模型和内生经济增长模型，从工艺升级和产品升级视角构建了全球价值链嵌入影响产业升级的理论框架，并深入分析全球价值链嵌入影响产业升级的作用机制。

1.3.1.3　投入产出法、熵权法、耦合协调度方法和 DEA 分析法

采用投入产出法，基于增加值和最终产品生产分解方法测算制造业全球价值链的位置指数和参与程度。使用熵权法，测算中国制造业工艺升级水平和产品升级水平。运用耦合协调度方法，测算中国工艺升级与产品升级耦合协调发展水平。应用 DEA 分析法，测算中国制造业全要素生产率。

1.3.1.4　计量经济学分析法

利用广义最小二乘法，实证考察全球价值链嵌入对制造业工艺升级和产品升级的影响，并运用中介效应模型验证全球价值链嵌入通过创新驱动效应和人力资本积累效应影响制造业工艺升级和产品升级的作用机制；运用收敛模型和空间收敛模型，探讨中国制造业和省际工艺升级与产品升级耦合协调发展的收敛性；采用双向固定效应模型，实证研究全球价值链嵌入程度对中国制造业工艺升级与产品升级耦合协调发展的影响。

1.3.2　技术路线

本书的技术路线如图 1.1 所示。

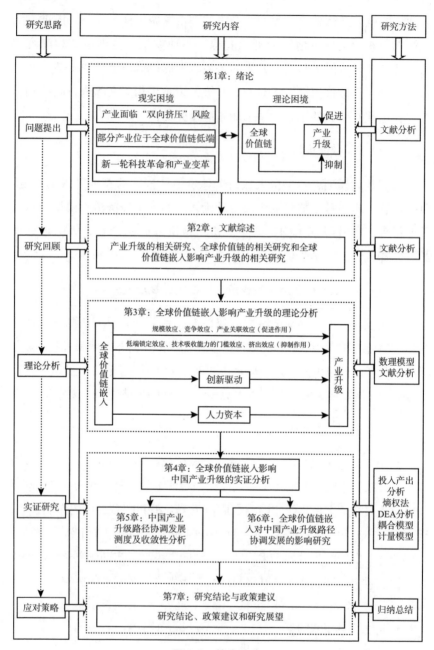

图1.1　技术路线

1.4　创　新　点

1.4.1　理论分析全球价值链嵌入对产业升级的影响机制

现有研究在分析全球价值链与产业升级的关系时，忽略了理论分析框架的构建，并且尚未深入考察其作用机制，可能无法全面理解全球价值链与产业升级的内在联系，对于产业全球价值链的地位提升，迈向全球价值链中高端的顶层设计缺乏充分的理论依据。本书则基于质量内生决定理论模型和内生经济增长模型，将最终产品质量和中间产品技术纳入统一的研究框架内，建立了全球价值链嵌入影响产业升级的理论模型，揭示了全球价值链与产业升级的内在联系，同时分析了全球价值链嵌入影响产业升级的作用机制，发现全球价值链嵌入的规模效应、竞争效应和产业关联效应促进产业升级；全球价值链嵌入的低端锁定效应、技术吸收能力的门槛效应和挤出效应抑制产业升级；全球价值链嵌入通过创新驱动效应和人力资本积累效应能够影响产业升级，在一定程度上拓展了产业升级的理论研究，同时为相关实证研究提供理论基础。

1.4.2　从过程视角实证分析全球价值链嵌入对中国产业升级的影响

现有研究主要考察产业结构升级、产业集群升级和产业转型升级，忽略了全球价值链背景下传统的产业或部门间升级已经逐步转变为工艺升级和产品升级等多种形态升级的事实，制约了产业升级的进程，本书则实证分析全球价值链嵌入对制造业工艺升级和产品升级的影响，发现全球价值链嵌入位置的提升有助于制造业工艺升级，但对制造业产品升级具有显著负向影响；此外通过中介效应模型可知全球价值链嵌入位置通过创新驱动效应和人力资本积累效应对制造业工艺升级和产品升级的影响存在差异，丰富了产业升级的研究视角，同时为全球价值链背景下中国产业升级政策的制定提供经验依据。

1.4.3 从工艺升级与产品升级协调发展的视角实证考察全球价值链嵌入对中国产业升级的影响

现有研究主要从产品升级视角考察产业升级，忽略了工艺升级与产品升级之间的协调发展关系，其中工艺升级是产品升级的基础，而产品升级是价值链升级的"关键节点"，得出的研究结论可能存在不准确性，本书则实证分析全球价值链嵌入对中国工艺升级与产品升级协调发展的影响，发现全球价值链前向参与度促进了制造业工艺升级与产品升级协调发展，但全球价值链后向参与度对其影响存在差异性，对于中国制造业向全球价值链攀升具有重要参考意义。此外，本书运用耦合协调模型系统评估工艺升级与产品升级协调发展水平，并且考察其收敛性，丰富了产业升级事实测度的研究，同时为促进行业平衡发展和区域协调发展提供经验支撑。本书将传统要素禀赋、制度因素和国际因素等产业升级的影响因素纳入统一框架内，在一定程度上准确分析了中国工艺升级、产品升级及其协调发展的影响因素，发现传统要素禀赋在其中发挥了重要作用。

第 2 章

文 献 综 述

本书以全球价值链嵌入影响中国产业升级为研究对象，与其直接相关的文献包括产业升级、全球价值链以及全球价值链嵌入影响产业升级的相关研究。因此，本章首先阐述产业升级的相关研究，包括产业升级的理论发展历程、类型、测度方法和影响因素；其次，介绍全球价值链的相关研究，包括全球价值链的理论起源、驱动类型、治理模式和测度方法；再次，综述全球价值链嵌入影响产业升级的相关研究，包括全球价值链与产业升级的关系、全球价值链治理模式对产业升级的影响、全球价值链嵌入对产业升级的影响；最后，对上述相关文献述评。

2.1 产业升级相关研究

2.1.1 产业升级的理论发展历程

早期涉及产业升级的研究主要指产业结构升级，具体表现为产业结构升级的演进规律。不同学者从不同的角度阐述产业结构升级的演进规律。李斯特于 1841 年基于经济角度提出产业结构阶段论，认为国家会经过原始未开化时期、畜牧时期、农业时期、农工业时期和农工商时期。霍夫曼认为消费品工业占主导地位、资本品工业增速快于但规模小于消费品工业、资本品与消费品的工业规模平衡、资本品工业占主导地位是工业化进程的四个阶段，并于 1931 年提出霍夫曼定理，揭示了国家在工业化进程中的工业结构演变规律，具体表现为霍夫曼系数具有不断减小的演进趋势。科林·克拉克于 1940 年在威廉·配第关于国民收入与劳动力流动之间关系学说的基础上提出配第—克拉克定理，认为在人均国民收入水平增加的过程中，劳动力在第一产业、第二产业流动、第三产业之间流动，表现为第二产业和第三产业的劳动力不断增加，而第一产业的劳动力不断减少。库兹涅茨于 1941 年对配第—克拉克定理进行了验证，并进一步发现劳动力就业结构随着农业部门、工业部门和服务部门的国民收入的变动而变动，这一发现被称为库兹涅茨法则。赤松于 1960 年提出雁阵式产业结构升级模式，即发展中国家在赶超发达国家时，产业结构的演进趋势表现为"进口—国内生产—出口"模式交替发展的雁行形态。从马克思的两大部类分类法的角度，雁阵式产业结构升级模式主要表现两种形式，一种是从消费资料产业到生产资料产业，从农业到轻工业，进而到重工业的演进过程；另一种是消费资料产业的产品表现为从粗制品向精制品转化，生产资料产业的产品表现为从生产生活用的生产资料向生产用的生产资料转化，从而使产业结构多样化和高级化。

随着研究的不断深入，许多学者对产业升级本质和方式进行研究。从产业升级本质层面看，存在基于微观层面的企业竞争优势提升和基于宏观层面的产业比较优势优化的争议。格里芬（Gereffi，1999）指出产业升级是指企业从劳动密集型领域转向价值含量更高的资本密集型、技术密集型领域的过程。潘（Poon，2004）指出产业升级是指生产者不断使产品从劳动密集型向资本密集型、技术密集型产品转移的过程。林毅夫等（1999）指出国家应该选择与其比较优势相符合的产业结构，劳动密集型产业向资本密集型产业转变，然后逐步向技术密集型转变，甚至转变到信息密集型，这一过程被称为产业升级。迈克尔·波特

（2002）认为产业升级是指国家资本要素、技术要素相对于劳动力要素、土地要素等其他资源禀赋更加丰富时，要素比较优势促使国家产业向资本密集型、技术密集型转变的过程。从产业升级方式层面看，产业升级存在产业间升级和产业内升级两种升级方式。格里芬（Gereffi，1999）指出产业升级可以分为产品、经济活动、部门内和部门间 4 种层次上的升级。恩斯特（Ernst，2001）指出产业升级包括产业间升级、要素间升级、需求升级、功能升级和链接上的升级 5 个升级类型，其中要素间升级、需求升级、功能升级和链接上的升级是产业内升级的方式。斯特金和李（Humphrey and Schmitz，2002）认为工艺升级、产品升级、功能升级和跨产业升级是实现产业升级的主要路径，并指出工艺升级、产品升级和功能升级是产业内升级的方式，跨产业升级是产业间升级的方式。

2.1.2　产业升级的类型

国内外学者针对产业升级的研究可以概括为产业结构升级、产业集群升级和产业转型升级三个方面的研究。

一是产业结构升级。产业结构升级表现为产业结构高度化和产业结构合理化两个方面（何平等，2014）。刘伟和杨云龙（1987）指出产业结构高度化表现为第一产业比重减少，而第二、第三产业占比增加；产业类型中劳动密集型占比减少，而资本密集型、技术密集型的比例增加；制造初级产品的产业占比减少，而制造中间产品的产业占比、制造最终产品的产业占比增加。周振华（1992）认为产业结构的高度化的含义是产业结构从低水准向高水准发展的过程，而产业结构合理化的含义是产业间相互作用所产生的效果大于不同产业能力之和的效果，并表现为协商能力增强，关联水平提升的过程。干春晖（2011）认为产业结构合理化的含义是产业间的协调水平及其资源的有效利用水平。高远东等（2015）认为产业结构高级化的含义是由低级到高级、由简单到复杂、由小规模到大规模的过程。此外，部分学者从结构高度化、高效化和协调化（张建华，2012），或者结构合理化、高效化和协调化（徐仙英和张雪玲，2016）方面分析产业结构优化升级。

二是产业集群升级。现有研究从不同的视角对产业集群升级的内涵进行界定。如波特（Porter，1990）从竞争力视角认为产业集群升级表现为产品更复杂、生产效率更高和生产环节的附加值更高三种形式。发展成熟的产业集群如果不及时升级，则会出现衰退（Porter，1998）。卡普林斯基和莫里斯（Kaplinsky and Morris，2001）从价值链视角提出产业集群升级包括过程升级、产品升级、功能升级和链的升级4种形式。施密茨（Schmitz，2004）从创新视角提出了产品升级、功能升级、过程升级和部门间升级4种形式（Kishimoto，2004；Pietrobelli and Rabellotti，2006）。朱海燕（2008）在分析产业集群竞争力和演化理论的基础上界定了产业集群升级的内涵，认为产业集群升级的目的是维持和获取持续竞争优势的行为，本质是知识结构的强化、更新和跃迁，动力因素包括网络结构和知识行为两种。其中，知识结构创新主要包括渐变式创新和突破式创新两种。芮雪琴等（2014）认为横向产业集群和纵向产业集群是产业集群的扩散形式。其中横向产业集群升级是指先导企业与跟随企业间的竞争，促进产品创新和技术创新，从而导致产业集群内升级的过程；纵向产业集群升级是指企业及其上下游企业关于新技术和新产品进行合作和交流，发挥产业集群的经济效应，从而促进产业集群升级的过程。

三是产业转型升级。现有研究主要从宏观、中观和微观两个方面阐述产业转型升级。在宏观层面，如格罗斯曼和赫尔普曼（Grossman and Helpman，1991）、罗伯特和卢卡斯（Robert and Lucas，1993）发现产业通过技术进步和创新提升产业劳动生产率，进而增加该产业在经济中的比重，促进产业转型升级。在中观层面，如迈克尔·波特（2002）认为生产要素在产业内各企业间的转移，能够促使产业获取竞争优势，从而促进产业转型升级。在微观层面，如孔伟杰（2012）认为企业转型升级是涉及技术、体制、利益、观念等方面系统性变革的过程，并且受到创新能力的影响（金碚，2011）。金京等（2013）认为开放条件下产业转型升级的目的不仅是推进工业化发展进程，也表现为产业向全球价值链中高端攀升。此外，蒋兴明（2014）指出产业转型升级涉及产业链、价值链、创新链和生产要素组合。其中，产业链转型升级的含义是产业不断向重要环节延伸，并最终占据产业链的核心位置；价值链转型升级的含义是产业从低附加值环节向高附加值环节攀升的过程；创新链转型升级表现为从原始创新向自主创新转变的过程；生产要素组合转型升级的含义是低端生产要素在要素组合中的比重不断降低的过程。

2.1.3　产业升级的测度方法

目前，现有文献并未就产业升级的测度达成一致意见，主要有四个方面的测算研究：

一是从产业结构升级视角测算。国外主要运用标准结构法、相对比较判别法和经济发展阶段判别法测算产业结构升级。比较常用的方法包括霍夫曼系数、钱纳里标准结构法等经济发展阶段判别方法，但上述方法需要时间周期足够长的数据，这导致国内学者根据研究对象选取相应的方法表征产业结构升级。

国内大部分学者主要从产业结构合理化和产业结构高度化两个方面衡量产业结构升级。潘文卿和陈水源（1994）采用结构关联经济技术矩阵水平和实际产业结构偏离经济技术特征的程度分别表征产业结构高度化水平和产业结构合理化水平。陈静和叶文振（2003）运用第三产业在国民生产总值中所占的比重粗略地反映产业结构的优化程度，靖学青（2005）认为产业结构高级化是一个动态化的概念，区域产业结构层次系数能够衡量地区产业结构的高级化程度。李博和胡进（2008）基于投入产出表测度产业结构高度化及其合理化两个指标。产业结构合理化的本质是产业的协调程度、结构聚合质量或资源配置效率，因此用产业结构偏离度和泰尔指数衡量产业结构合理化（干春晖，2011）；并且为了说明产业技术密集度不断提升的趋势，高端技术与中端技术的产业产值之比能够较好地衡量产业结构高度化（傅元海等，2014）。考虑到在经济服务化过程中产业增长率存在差异的这一事实（吴敬琏，2008），干春晖（2011）使用产业的产值构建指标，测度产业结构高级化。上述测度方法均从数量视角考察产业结构演进趋势，忽视了其质的变化，从而造成偏误。并且产业结构偏离度指标不能反映产业在经济发展中的地位。因此，袁航和朱承亮（2018）衡量了产业结构高度化的量和质，同时使用泰尔指数表征产业结构的合理化水平。

为了全面反映产业结构升级的状况，部分学者通过构建相应评价指标体系对其测度。如姚志毅和张亚斌（2011）测度了全球生产网络下中国地区产业结构升级状况。徐仙英和张雪玲（2016）从产业结构合理化、高效化和高级化三个维度，测度了中国产业结构优化升级（毕克新等，2017）。毕克新等（2017）则基于刘淑茹（2011）、姚志毅和张亚斌（2011）、徐仙英和张雪玲（2016）构建的产业结构相关指标测度了制造业产业结构升级状况。此外，白雪梅和赵松山（1995）为了反映地区产业结构及其差异，使用修正的范数衡量产业结构水平。周昌林和魏建良（2007）则运用劳动生产率和产值测度产业结构水平。杨丹萍和杨丽华（2016）采用第三产业增加值占总国内生产总值比重来衡量产业结构。阳立高等（2018）采用行业工业总产值和制造业工业总产值之比衡量产业结构的变动情况。

二是从产业集群升级视角测算。现有研究关于产业集群升级的测度主要运用多维评价指标体系法。如芮雪琴等（2014）构建了包含创新能力、生产效率和竞争优势三个方面的产业集群升级评价指标，并进一步对其进行了测度。毕克新等（2017）基于市场拓展能力（龚双红，2009）、技术创新能力（张春龙，2012）和优势竞争能力（芮雪琴，2014）构建了产业集群升级指标体系，并对其进行了测度。陈启斐等（2018）运用出口贸易额作为产业集群升级的替代变量。

三是从产业转型升级视角测算。现有研究关于产业转型升级的测算包括单一指标测算法和多维评价指标体系法两种。如邵敏和包群（2011）使用出口密集度梯度作为出口企业转型。考虑到产业转型升级总是从低层次和低附加值产业向高层次和高附加值产业转变，因此刘建民等（2015）考察产业转型升级的方向及其速度两个方面，分别用产业结构超前系数及其年均变动值衡量。童健等（2016）采用行业的总产值之比作为行业转型升级的替代变量。岳意定和谢伟峰（2014）构建工业发展、信息化与工业化融合和对外开放等要素的工业转型升级效果评价指标体系，并测度其发展水平。管军等（2015）认为产业转型升级的特点是低附加值转向高附加值，高能耗高污染转向低能耗低污染和粗放型转向集约型，因此从对环境的影响、对省内经济的产业贡献和产业自身高效持续发展三个维度构建产业转型升级效果评价体系并对其进行测算。王玉燕等（2016）构建了包括经济效益、技术创新和结构优化等要素的工业转型升级效果评价指标体系，并测算工业转型升级效果指数。毕克新等（2017）基于产业发展程度（岳意定和谢伟峰，2014）、资源节约程度（管军等，2015）和对外开放程度（刘建民等，2015）构建了产业转型升级指标并对其进行了测度。此外，孔伟杰（2012）从微观企业层面通过调查问卷的形式判断企业是否进行转型升级。

四是从产业升级视角测算。基于产业结构升级视角的测度方法只能表征产业结构的变迁，无法反映产业内部结构的变动程度。为此，宋凌云等（2013）、李力行和申广军（2015）构造产业结构调整指数衡量产业结构变动情况，从而反映经济增长过程中生产要素在部门间的配置过程。但是，产业结构调整指数依然无法有效判断产业发展的优劣。因此，部分学者根据产业升级定义将产业升级指标与技术复杂度（Hausmann et al.，2007）、生产率和附加值联系起来。

（1）运用技术复杂度表征产业升级。由于产业升级主要表现为产业向高附加值和高生产率的以技术进步作为驱动力的经济活动转移，因此姚洋和章林峰（2008）、杨汝岱和姚洋（2008）从技术进步的角度构建中国出口技术复杂度衡量中国出口升级。此外，张其仔（2014）、邓向荣和曹红（2016）则认为产业升级遵循比较优势，并运用产品比较优势（出口产品复杂程度）与产品邻近度刻画产业升级路径，但该方法不易于度量整体产业升级程度。因此，周茂等（2016）构造了地区制造业技术复杂度指标衡量产业升级。安苑和王珺（2012）用产业技术复杂度指标表示产业结构升级。

（2）采用生产率表征产业升级。基于里格（Reeg，2013）关于企业升级是由企业层面的创新驱动的企业成长，包括企业创新和企业的成长状况两个方面的观点，李林木和汪冲（2017）基于创新成果和成长状况衡量企业升级水平，但是上述创新成果和成长状况仅表征企业进行研发投入、研发产出等一方面的信息，无法判定企业是否升级。而且，产业升级体现为产业技术水平的提升。为此，席建成和孙早（2017）运用全要素生产率作为产业升级的替代变量。而劳动生产率尽管包含的信息不够全面，但因其容易计算并且具有可比性，因此李永友和严岑（2018）使用劳动生产率衡量产业升级，同时运用全要素生产率进行稳健性检验。此外，盛丰（2014）认为工业利润率能够反映产业在价值链上的地位，位于价值链高端的产业的利润率往往比位于价值链低端的产业的利润率高，从而选取地区工业利润率衡量产业升级。

（3）使用附加值表征产业升级。唐东波（2013）用垂直专业化分工指标表示产业升级。苏杭等（2017）在企业层面运用增加值率衡量中国制造业产业内升级，而在产业层面则采用增加值与总产出之比衡量制造业产业内升级。此外，部分学者如李逢春（2012）借鉴周昌林和魏建良（2007）测度产业结构水平的方法衡量产业升级。黄亮雄等（2013）通过构建产业结构变动幅度指数等多个指数，测度并分析中国产业结构调整状况。李伟庆和聂献忠（2015）使用第二产业增加值占GDP的比重和第三产业增加值占GDP的比重来度量产业升级。少数学者运用多维评价指标体系对产业升级进行测度。如毕克新等（2017）

认为产业升级可以概括为产业结构升级、产业集群升级和产业转型升级三个方面的研究，因此，构建包含上述三个方面的综合评价指标体系测度产业升级。

2.1.4　产业升级的影响因素

现有研究涉及产业升级的影响因素较多，本书将其归纳为传统要素、制度因素和国际因素等三类，具体如图2.1所示。接下来，本书对三类影响因素分别进行简要述评。

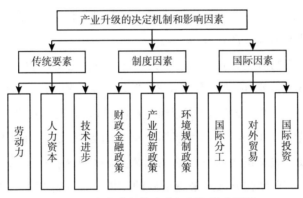

图2.1　产业升级的决定机制和影响因素

2.1.4.1　传统要素

现有研究认为传统要素包括劳动力、人力资本和技术进步对产业升级具有重要影响。其中，劳动力对产业升级的影响主要反映在劳动力成本方面。古典经济学家通过理论探讨发现劳动力成本上升对产业结构升级具有促进作用。威廉·配第和亚当·斯密认为产业部门与部门之间在劳动力成本方面存在的差异是导致劳动力在产业部门间流动的原因，从而对劳动生产率产生影响，进而对产业结构产生影响。希克斯认为劳动力成本上升能够促进企业资本等要素替代劳动力，从而有助于产业结构升级。索洛（Solow，1957）和肯尼迪（Kennedy，1964）则认为劳动力成本是影响企业资本折旧、设备折旧的重要因素，并且对企业研发投入具有重要影响（Kuzhets，1973；Romer，1987），从而有助于技术进步，促进产业结构升级。随着中国数量型人口红利的逐渐消退和劳动力成本的快速上升（蔡昉，2010），许多学者从宏观层面探讨劳动力成本在产业结构中的作用效果。中国长期的低工资水平和低劳动力成本不仅导致企业影响消费结构、劳动力在部门间的流动、投资结构（刘丽和任保平，2011），而且影响研发投资（罗来军等，2012），妨碍了技术进步和产业升级。为此，阳立高等（2014）基于行业层面对上述问题展开实证研究，认为劳动力成本影响产业结构升级。王小霞等（2018）基于企业层面的视角认为工资增加能够通过推动企业进行研发，促进生产率提高，从而有助于产业升级。

人力资本与劳动力要素紧密相关，是对劳动力生产能力的提升。因此，许多研究特别重视人力资本对产业升级的影响。代谦和别朝霞（2006）指出实现产业结构升级需要通过提高人力资本水平改善其比较优势。张若雪（2010）发现考察期内劳动力数量和质量阻碍了中国产业结构升级。黄文正（2011）认为随着经济增长的逐步深入，人力资本积累成为产业结构升级越来越重要的因素。綦良群和李兴杰（2011）发现人力资本主要通过创新水平、技术扩散和管理能力影响产业结构升级，而人力资本水平增高及结构优化将会加速我国产业结构转型与升级，形成未来我国持续、稳定发展的强大动力（张国强等，2011）。李平和张玉（2012）发现产业结构升级还受到国际智力回流的影响，并且其受到积极的促进作用。王健和李佳（2013）发现人力资本通过技术进步、收入水平和城市化三个渠道影响产业结构升级。杨飞虎等（2016）运用面板向量自回归模型发现人力资本在产业结构升级中具有重要影响（梁树广，2014），并存在积极的影响效果。苏杭等（2017）基于投入—产出的分析视角发现要素结构升级是产业结构升级的重要方面。相对于资本投入和研发投入，劳动力投入对于产业内升级具有更重要的影响。阳立高等（2018）认为要推进产业升级关键在于技术进步，而技术进步的关键在于人力资本的积累。

技术进步对产业升级的影响。技术创新对产业升级具有重要的影响作用（傅家骥，1998）。因此，国内学者围绕技术创新影响产业升级这一问题进行讨论。黄茂兴和李军军（2009）在构建数理模型的基础上，运用省级面板数据实证考察了技术选择对产业结构升级的影响，发现技术选择能够影响产业结构升级。綦良群和李兴杰（2011）发现企业进行研发创新活动能够改善产品的工艺水平和技术水平，进而影响产业结构升级。从区域视角来看，区域内往往具有多家企业，具有研发能力的企业更容易进行技术创新，并对其他企业产生引领作用，有助于区域产业升级。薛继亮（2013）运用行业层面数据实证检验发现，技术水平的提高能够影响资本深化，有助于产业升级（钱水土和周永涛，2011）。阳立高等（2018）认为技术进步通过促进产品与工艺的更新换代和降低生产成本来推动产业升级。段瑞君（2018）从城市层面运用空间计量模型发现技术进步和技术效率对本地和周边地区产业结构升级存在促进作用和空间溢出效应，且存在区域差异。

2.1.4.2　制度因素

制度因素包括财政金融政策、产业创新政策和环境规制政策对产业升级具有重要影响。具体而言，财政金融政策对产业升级的影响。许多学者探讨财政金融政策影响产业升级的作用机制。如安苑和王珺（2012）从区域和产业层面通过实证检验发现，财政行为的波动不利于产业结构升级，具体表现为财政行为的波动性能够降低产业的市场份额，并且市场化水平在其中具有重要的调节作用。蒋丽丽和周丹（2015）发现当前我国产业结构转型升级既有市场的内生动力，也存在政策尤其是税收政策的扭曲，因此调整税收政策有助于产业结构升级。彭俞超和方意（2016）运用数值模拟方法发现，货币政策通过运营成本影响产业结构升级，并进一步分析发现非对称地实施结构性货币政策有助于产业结构升级。

产业创新政策对产业升级的影响。葛秋萍和李梅（2013）认为中国产业升级政策在不断演进的过程中，创新驱动型产业升级政策成为产业升级政策的演进方向，但是其尚未在产业升级中发挥核心作用效果。然而，大部分研究认为创新政策对产业升级具有重要的影响。孙军（2008）对开放条件下后发国家如何实现其技术创新和产业结构升级进行了理论与实证分析，发现技术创新政策对产业结构升级有着十分重要的影响。韩永辉等（2017）在理论分析分析的基础上，发现产业政策有助于产业结构合理化及其高度化；产业政策通过市场化程度、政府能力影响产业结构升级。

环境规制政策对产业升级的影响。部分研究集中具体环保措施如以碳税为主的减排政策（姚昕和刘希颖，2010）、能源替代战略（于立宏和贺媛，2013）对产业结构升级的影响，但该类研究缺乏综合性。李强（2013）通过理论分析发现环境规制有助于产业结构调整，并利用中国地区面板数据验证了上述结论，同时发现基础设施建设表现为积极的促进作用。肖兴志和李少林（2013）则进一步考察环境规制影响产业升级的传导机制，发现需求、技术创新、国际贸易在其中发挥了重要的作用，进一步分析发现中国环境规制强度表现为促进作用，并且存在区域差异。原毅军和谢荣辉（2014）使用省级层面数据进一步验证环境规制在产业结构中的作用效果，发现这一影响存在门槛特征和空间异质性。钟茂初等（2015）则探索了环境规制影响产业结构调整的微观基础，并运用省级层面数据实证考察环境规制在产业结构调整中的作用，发现两者存在 U 形关系。

2.1.4.3 国际因素

国际因素包括国际分工、对外贸易和国际投资对产业升级具有重要影响。其中，国际分工和对外贸易对产业升级的影响。徐毅和张二震（2008）研究发现外包对于产品结构升级具有重要的影响。高越和李荣林（2011）发现国际生产分割影响参与国的产业结构。随着全球价值链这一国际分工形式的不断发展，魏龙和王磊（2017）对全球价值链体系下中国产业转型升级进行研究，发现全球价值链嵌入位置的变化对上游环节主导型、下游环节主导型和混合主导型产业升级的影响存在差异。徐贇和李善同（2015）发现技术升级通过中间品进口依存度影响产业在全球价值链中的地位，从而影响产业升级。杨丹萍和杨丽华（2016）认为对外贸易通过技术外溢和人力资本影响产业结构，并运用城市层面的数据实证发现，随着对外贸易的扩大，产业结构水平呈先下降后增长态势。周茂等（2016）认为贸易自由化能够增加企业出口，从而通过获取更多利润实现产业升级（林毅夫，2004）；市场规模扩大和关税削减分别通过专业化分工和竞争效应（简泽等，2014）影响产业升级。

国际投资对产业升级的影响主要表现在外商直接投资和对外直接投资两个方面。其中，外商直接投资方面。郭克莎（2000）发现外商投资的结构性倾斜扩大了中国产业发展水平和国际竞争力的差别，而宋京（2005）从对外贸易视角分析发现，引进外资能够促进中国产业结构升级（辛大楞，2023）。赵红和张茜（2006）发现外商直接投资对产业结构优化具有显著促进作用。黄日福和陈晓红（2007）认为资本供给和技术水平的提升在外商直接投资影响产业结构升级中具有重要作用。陈继勇和盛杨怿（2009）则深入分析了外国直接投资影响产业结构升级的促进和抑制的两种作用机制，其中资本供给效应、国际知识溢出效应、技术溢出效应表现为显著正向影响，而外商直接投资的结构和质量是阻碍产业结构升级的重要因素。邓丽娜和范爱军（2014）运用行业层面数据实证检验发现，外商直接投资的技术溢出效应对产业结构升级存在促进作用。此外，原毅军和谢荣辉（2014）发现外商直接投资对产业结构调整具有抑制作用。

对外直接投资方面。国外相关学者发现对外直接投资对发达国家的国内产业结构升级具有正向影响（Blomström et al.，2000；Branstetter，

2001；Giuliani et al.，2005；Elia et al.，2009），该结论在发展中国家也得到了进一步验证（Advincula，2000；Mathews，2006；Chen and Zulkifli，2012；Jang and Hyun，2015）。国内相关学者发现对外投资影响产业结构升级包括促进和抑制两种作用效果。汪琦（2004）从理论层面探讨了对外直接投资影响产业结构升级的促进作用和抑制作用两种效果（宋维佳和王军徽，2012），而白玫和刘新宇（2014）发现对外投资能够影响产业结构升级。而国内部分学者从行业层面或省级层面通过实证检验发现，对外直接投资在中国产业结构升级中起到积极的促进作用（汤婧和于立新，2012；李逢春，2012）。冯春晓（2009）考察了中国行业或省际对外直接投资对产业结构升级的影响，认为产业结构合理化及其高度化与中国对外直接投资相关（李东坤和邓敏，2016）。潘素昆和袁然（2014）则认为不同投资动机（市场寻求型、资源寻求型和技术寻求型）的对外投资影响产业升级的机理不同，并通过实证检验发现，三种类型的对外投资均为中国产业升级的原因，但存在滞后性。此外，贾妮莎等（2014）将引进外资和对外投资置于统一框架内，发现产业结构高度化更依赖引进外资，而产业结构合理化则更依赖对外投资。

2.2　全球价值链相关研究

2.2.1　全球价值链的理论起源

价值链、价值增值链、商品链和全球商品链成为全球价值链相关理论发展的基础。迈克尔·波特于1980年提出的公司价值链理论是最早的全球价值链相关理论，他认为企业存在研发设计、生产制造、销售、配送以及辅助活动等功能互不相同但又相互联系的增值活动，这些活动共同创造价值，从而促进了企业内部价值链的形成。科格特（Kogut，1985）认为企业将技术、原材料和劳动等基本要素投入生产环节，从而生产出最终商品，并最终通过市场交易等方式到达消费者手，并将企业的这一价值配置过程称为价值增值链。格里芬（Gereffi，1999）将商品链霍普金斯（Hopkins，1986）与全球组织联系起来，认为世界不同地方的企业通过紧密联系进行原材料投入、运营组织合、劳动力供应、市场营销和最终消费等投入和产出环节，从而形成生产某种产品的国际网络关系，并将其称为全球商品链。格里芬（Gereffi，2001）从空间布局的角度指出国家根据产品生产过程中的价值组成价值链条，包括价值的创造者、价值在链条中的位置和价值在国家间的分配，并指出全球商品链不能准确反映上述价值的关系，因此其与该领域的学者商议用全球价值链代替全球商品链这一概念。此后，斯特金和李（Sturgeon and Lee，2001）、联合国工业发展组织和英国萨塞克斯大学发展研究所从不同角度定义全球价值链。

　　根据全球价值链理论的起源可知，价值链是全球价值链形成的基础。价值链各环节不同价值活动在增值能力的坐标上形成具有"U"形特征的"微笑曲线"。大部分发展中国家跨国企业通过比较优势而非竞争优势融入全球价值链，在微笑曲线最下端的生产制造环节；大部分发达国家跨国企业凭借研发资源和管理经验等核心资源，在微笑曲线的研发设计环节或营销服务环节。发展中国家跨国企业因知识和技术壁垒难以顺利向微笑曲线两端攀升，同时会受到发达国家跨国企业的阻碍。而微笑曲线低端生产制造业的门槛较低，越来越多的国家参与全球价值链，早期参与全球价值链的国家跨国企业会受到新进入的发展中国家跨国企业的竞争，存在被挤出风险。

2.2.2　全球价值链的驱动类型

　　全球价值链驱动类型包括为购买者驱动型、生产者驱动型和混合驱动型三种。格里芬（Gereffi，1999）认为生产者和购买者推动了全球价值链上各个环节的生产活动，因此将全球价值链分为购买者驱动型和生产者驱动两种类型。其中，购买者驱动型全球价值链的含义是不具有实际的生产能力，但是在品牌和销售渠道方面具有较大优势的领导者，包括零售商、品牌商、管理者等，运用采购等方式使产品在全球范围内流动，形成巨大的市场需求。生产者驱动型全球价值链的含义是在产品研发上具有竞争优势的产业资本所有者，通过控制核心技术使非核心环节的生产者对其产生依赖性，最终使其在全球价值链中具有领导地位，从而控制全球价值链环节中的其他生产活动。混合驱动型全球价值链，不仅包含全球价值链的生产环节，同时也反映了全球价值链的流通环节，从理论上具备了生产者驱动型全球价值链的特征，同时也存在购买者驱动全球价值链的特征（张辉，2006）。

全球价值链驱动类型演进主要受技术和资本两种因素影响。发达国家跨国公司对关键技术的掌握使得发展中国家在全球价值链中呈"追赶"态势，发展到一定阶段，技术瓶颈的出现缩小了与发展中国家的差距，从而使得生产者驱动型的领导厂商获得和维持核心技术的能力变得越来越困难；发展中国家具有"比较优势"的生产要素吸引了发达国家的部分制造环节，这使得拥有较多无形资产的发达国家的竞争优势在全球价值链中超越了占有较多有形资产的发展中国家，从而使得生产者驱动价值链逐步被取代，而国家更倾向于购买者驱动价值链。生产者驱动型全球价值链的主体是具有生产技术能力的生产者；而购买者驱动的主体是对市场能力可以掌控的消费者。作为供给方的生产者对技术能力进行创新越来越难的现状已无法满足作为需求方的消费者对技术水平的要求，并且消费者可以通过各种渠道对市场能力的控制程度越来越高。这种供给和需求发展的不平衡性造成了全球价值链驱动机制从生产者驱动型向混合驱动型演变（张辉，2006），然后从混合驱动模式向购买者驱动模式演变的一种趋势。

2.2.3　全球价值链的治理模式

不同学者从不同角度分析全球价值链的治理模式。如鲍威尔和沃尔特（Powell and Walter，1990）将治理模式分为市场型、层级型和网络型三种。汉弗莱和施密茨（Humphrey and Schmitz，2002）从控制程度视角将治理模式分为网络型、准层级型和层级型三种。卡普林斯基和莫里斯（Kaplinsky and Morris，2003）根据规则和标准将治理模式分为规则制定治理、监督裁决性治理和执行性治理三种。格里芬等（Gereffi et al.，2005）基于交易的复杂性和可编码性，以及供应商能力，将治理模式分为市场型、网络型（模块型、关系型、领导型）和层级型。其中，市场型治理模式存在于嵌入全球价值链的初期，并且拥有核心技术产品的发展中国家中。国家通过市场型治理模式促使技术、市场等要素促进工艺升级、产品升级、功能升级或价值链的升级。网络型治理模式的特征为发达国家通过在研发设计等方面的优势在全球价值链中处于领导地位，从而控制发展中国家在全球价值链中的生产活动。由于发展中国家企业的技术赶超和价值攀升存在限度，因此在依赖发达国家跨国企业的市场进入通道与核心技术情形下，功能升级或价值链升级很难发生。层级型治理模式表现为发达国家跨国企业为了扩大市场通过对外投资的方式参与发展中国家的生产制造活动，并对其在国外的子公司进行控制（刘志彪和张杰，2007）。

全球价值链治理模式的演进受交易的复杂性和可编码性，以及供应商能力的影响。全球价值链治理模式间存在的动态转换机制（Gereffi et al.，2005）会导致治理模式出现相互交错的情况（张辉，2004）。但是，由于行为主体的协调能力受标准化程度、技术的发展与创新，以及供应商与采购商的紧密程度的影响（王克岭等，2013），进而使交易的复杂性、交易的可编码性和供应商能力影响全球价值链的治理模式。标准化程度、技术的发展与创新以及供应商与采购商联系的紧密程度可以改变交易双方的交易费用和效率，而且可以通过在全球价值链中传递的信息与知识的效率影响供应商产品的多样性和差异性，同时影响采购商的采购能力和范围，从而影响交易的复杂性和可编码性，以及供应商能力。交易的复杂性越低、交易的可编码性越强、供应商的能力越强，全球价值链的治理模式越倾向于市场型，反之则倾向于层级型，而网络型则介于两者之间。

2.2.4　全球价值链的测度方法

现有研究关于全球价值链测度的方法主要涉及微观方法和宏观方法两类方法。

微观方法包括基于调查数据的案例研究法和基于企业微观数据的出口中的国内增加值率。

（1）案例研究法。如邢和德特尔特（Xing and Detert，2010）从iPhone手机的案例中发现，中国从中可以获取约3.6%的价值，而美国和德国等国家则获取了其中大部分价值。徐美娜和沈玉良（2011）从品牌商、模块商和代工商视角，统计分析了惠普笔记本电脑零部件的进口情况，发现中国企业并未参与全球价值链分工体系下贸易利益的分配环节。上述研究方法仅仅说明某一产品价值链情况，却无法反映国家和产业层面的价值链状况。

（2）国内增加值率。如库普曼等（Koopman et al.，2008）、瓦尔德（Upward，2013）、张杰等（2013）、吕越等（2015，2017）运用微观企业和海关贸易统计数据测度了中国出口国内附加值。国内附加值率的测算方法需要区分加工贸易和一般贸易的海关贸易统计数据，但许多国家没有加工贸易统计数据，限制了该方法的应用。

宏观方法包括基于单国投入产出表的垂直专业化法和基于全球投入产出表的增加值贸易核算两种方法。

（1）垂直专业化法。垂直专业化的含义是国家将进口品作为投入进行生产，然后出口生产的产品，从而促进中间品贸易的份额上升。胡梅尔斯等（Hummels et al.，2001）将垂直专业化定义为出口品中含有的进口投入品的价值，表现为进口中间投入用于生产出口和出口中间产品且被其他国家用以生产出口两种形式，含义为一个国家的垂直专业化程度越高，则其参与国际分工的程度越深。同时，基于一个国家的投入产出表首次测算了经济合作与发展组织国家和新兴市场国家的垂直专业化程度，为现有全球价值链的核算研究奠定了基础。许多国内学者运用垂直专业化法从行业层面测度了中国垂直专业化程度。如刘志彪和刘晓昶（2001）、张小蒂和孙景蔚（2006）、黄先海和韦畅（2007）、盛斌和马涛（2008）、文东伟和冼国明（2010）测度了中国产业尤其是制造业垂直专业化程度。此外，唐东波（2013）基于迪恩等（Dean et al.，2008）的方法对一般贸易和加工贸易进行区分，改进了垂直专业化方法，并测度了中国整体和制造业一般贸易和加工贸易的垂直专业化水平。于津平和邓娟（2014）也用上述方法测度了中国制造业一般贸易和加工贸易的垂直专业化水平。

（2）增加值贸易核算。增加值贸易核算的研究基础是垂直专业化法，主要放松了垂直专业化法存在的两个假设：一是放松了不存在将进口中间产品加工成半成品后，再出口到国外的情况，以及进口的中间产品不包含本国增加值的情况的假设；二是放松了国内最终产品和出口的最终产品利用进口中间投入的程度相同的假设。同时，随着经济合作与发展组织、联合国贸易和发展组织、欧盟、日本亚洲经济研究所和美国普渡大学的全球投入产出数据库的不断完善，许多学者逐步推进增加值贸易核算研究。如道丁等（Daudin et al.，2009）定义并测算了一国用于进口中间品生产的最终品返回中间品出口国或第三国的份额。约翰逊和努古尔（Johnson and Noguera，2012）从产品最终消费的角度定义了增加值出口，即一国生产而被别国最终消费吸收的增加值，同时用增加值出口占总出口的比重衡量。斯特尔（Stehrer，2012）从进口和出口两个方面定义增加值贸易，同时将国家间总贸易中含有的增加值定义为贸易增加值。库普曼等（Koopman et al.，2014）将垂直专业化和增加值出口纳入一个逻辑框架下，提出了总出口分解方法，将总出口分解为被国外吸收的增加值、返回国内的增加值、外国增加值，以及纯重复计算的中间贸易品部分等四大类，并从出口品价值最终去向视角进一步细分为九个部分。为了反映不同出口品在进行增加值分解时的异质性，汪（Wang，2014）对总出口分解方法（Koopman et al.，2014）进行扩展，提出对国家、部门和双边层面的总贸易流量的分解法，包括国内价值部分和垂直专业化两类，具体细分为 16 个部分。此后，许多文献基于总贸易流量的分解法进行研究，如高运胜等（2015）基于国家投入产出表，运用上述方法分解了欧盟从中国进口制成品的增加值结构。

随着增加值贸易核算的不断完善，全球价值链的位置、参与程度和生产长度等全球价值链的测度指标成为研究的热点。

①全球价值链的位置。现有研究主要运用全球价值链的地位指数、上游度指数和全球价值链位置指数等三种指数衡量全球价值链的位置。库普曼等（Koopman et al.，2010）在道丁等（Daudin et al.，2009）的基础上提出了全球价值链的地位指数，用于衡量国家（部门）在全球价值链的位置，该指数在一定程度上反映国家（部门）接近上下游的程度，但不能真实反映现实经济中国家（部门）在全球价值链上的地位，位于上游的国家，国内间接增加值出口比率高于国外增加值出口部分，其地位指数可能较高。反之，位于下游的国家，其地位指数可能较低。因此，库普曼等（Koopman et al.，2010）定义了全球价值链参与程度，该指标越大表明国家（部门）参与全球价值链的程度越高。此后，许多文献同时利用全球价值链地位指数和参与程度进行研究，如尚涛（2015）测度了中国制造业各部门在全球价值链中的分工地位和参与程度；谢会强等（2018）基于全球价值链地位指数和参与程度对实证结果进行稳健性检验。法利（Fally，2012）首次提出并采用产业上游度衡量全球价值链的位置。有学者认为上游度是指产品部门到最终需求端的距离，并用总投入与作为中间投入的直接投入的比值衡量，而用作

为中间投入的直接投入占总投入的比率衡量下游度（Antràs and Chor，2013）。但是，使用上游度和下游度指标衡量国家（部门）在全球价值链中的位置，结果会存在不同的情况（倪红福，2016）。为了更好地刻画国家（部门）在全球价值链国际分工中的位置，汪等（Wang et al.，2017）用前向生产长度与后向生产长度的比值衡量全球价值链的位置指数。前向生产长度是指基于前向联系的生产长度，而后向生产长度是指基于后向联系的生产长度。

②全球价值链的参与度。全球价值链的参与度包括前向参与度和后向参与度两种。汪等（Wang et al.，2017）基于增加值生产分解法构建了全球价值链的前向参与度指标，认为前向参与度是指企业与其上游企业进行全球价值链的活动获得的增加值占其整体增加值的份额。同时，汪等（Wang et al.，2017）基于最终产品生产分解法构建了全球价值链的后向参与度指标，认为后向参与度是指企业与其下游企业进行全球价值链的活动获得的增加值与其最终品（货物与服务）产量的比值。上述两个指标的数值越大，均表明企业参与全球价值链国际分工的程度越深。此外，在全球价值链前向参与度和后向参与度的基础上，根据中间投入品在国家间的流转次数，将其分为简单参与度和复杂参与度。其中，简单参与度指中间投入品在国家间的流转次数为 1 次，而复杂参与度指中间投入品在国家间的流转次数至少为 2 次。此后，许多学者基于上述指标进行研究，如王思语和郑乐凯（2019）等。

③全球价值链的生产长度。现有研究主要基于投入产出模型使用平均传递步长和生产阶段数表征全球价值链的生产长度。迪岑巴赫等（Dietzenbacher et al.，2005）首次提出用平均传递步长表征生产网络体系中产业部门间的长度。猪俣（Inomata，2008）定义了平均传递步长（Escaith and Inamata，2013）。法利（Fally，2012）运用生产阶段数衡量全球价值链的生产长度。倪红福（2016）基于平均传递步长理论定义了增加值平均传递步长，同时基于投入产出模型对生产阶段数进行扩展，并将其分为国际和国内生产阶段数（倪红福等，2016）。汪等

（Wang et al.，2017）定义平均生产长度为序贯生产过程中生产要素创造的增加值被计算为总产出的平均次数，并将其分为纯国内部分、李嘉图贸易、全球价值链相关部分三种。

2.3 全球价值链嵌入影响产业升级的相关研究

2.3.1 全球价值链与产业升级的关系

现有研究主要从全球价值链视角分析产业升级。部分学者从产业整体层面角度定义产业升级，认为产业升级主要指低附加值的资源密集型部门或劳动密集型部门向高附加值的重工业和高技术部门转移的过程。如格里芬（Gereffi，1999）指出产业升级是指企业从劳动密集型领域转向价值含量更高的资本密集型、技术密集型领域的过程。庞特（Poont，2004）指出产业升级是指生产者不断使产品从劳动密集型向资本密集型、技术密集型产品转移的过程。随着全球价值链分工形式的发展，产业升级从产业整体层面升级向产品内工序和任务层面升级转变。部分学者从产品内工序和任务层面角度解释产业升级，认为产业升级主要指从加工制造环节向研发设计等环节移动的过程。如格里芬（Gereffi，2005）认为全球价值链上的产业升级是指参与全球价值链的经济主体从低附加值活动向高附加值活动攀升的过程。盛斌和陈帅（2015）认为全球价值链视角下的产业升级的含义是产业从低附加值活动向高附加值生产阶段演进的动态过程。

汉弗莱和施密特（Humphrey and Schimitz，2002）基于全球价值链视角认为工艺升级、产品升级、功能升级和链条升级是产业升级的主要路径。其中，工艺升级的含义是企业通过重组生产系统（如新机器的购买）或引入高级的技术促进生产工艺进步，从而将较少投入转化为较高产出的过程；产品升级是指企业在工艺升级的基础上，设计生产质量更高和技术更复杂的产品，其中也涵盖了企业更新产品的能力；功能升级是指企业获得附加值更高环节功能的过程，如企业首先从基本加工环节转向贴牌生产阶段，其次伴随技术的提高，转向自己设计制造阶段，最后进行自有品牌制造；跨产业升级即价值链升级，是指企业通过获得的能力转向生产高附加值产品的价值链的过程。

许多研究认为工艺升级、产品升级、功能升级和链条升级之间具有一定规律可循（Gereffi，1999）。产业升级依循工艺升级、产品升级、功能升级向链条升级转变的规律。其中，工艺升级是产品升级的基础，而产品升级是价值链升级的"关键节点"（刘斌等，2016），为功能升级的顺利实现提供保障，功能升级是链条升级的前提。并且，国家或产业一般能够实现工艺升级、产品升级，较难实现具有高级形态特征的功能升级和价值链升级。产业升级尽管存在一定规律，但是通过突破性技术创新可以改变升级规律。如果需要进行产业升级，产业需要通过低端融入或中高端嵌入全球价值链。因此，无论是位于全球价值链低端还是全球价值链中高端，对于产业升级均具有重要意义（Lee and Chen，2010；张辉，2004）。

随着全球价值链研究的不断完善，许多学者认为全球价值链可以促进产业升级。全球价值链上具有典型的雁阵格局，有利于产业升级。发达国家主导附加值高的知识和技术密集型产业，发展中国家位于全球价值链低端，主导附加值低的劳动密集型产业，这为发展中国家进行产业升级提供了可能性（刘仕国等，2015）。全球价值链升级是产业升级的重要内容。全球价值链视角下的产业升级主要包括工艺升级、产品升级、功能升级和链条升级4种，发展中国家通过参与全球价值链分工，为工艺升级、产品升级、功能升级、链条升级提供了可能性。全球价值链通过国际贸易和国际投资可以促进产业升级。国际贸易和国际投资能够促进产业创新和知识扩散，从而促进产业投入升级和产业升级（Gorg and David，2004；Gorodnichenko et al.，2009；刘仕国等，2015）。

2.3.2　全球价值链治理模式对产业升级的影响

全球价值链的治理模式分为市场型、网络型（包括模块型、关系型、领导型）和层级型三种，并且受交易的复杂性和可编码性，以及供应商能力的影响（Gereffi et al.，2005）。相应关系如表2.1所示。

表2.1　　　　　　　全球价值链治理模式及其影响因素

全球价值链治理模式		交易的复杂性	交易的可编码性	供应商能力
市场型		低	高	高
网络型	模块型	高	高	高
	关系型	高	低	高
	领导型	高	高	低
层级型		高	低	低

资料来源：整理自格里芬等（Gereffi et al.，2005）。

许多研究者认为全球价值链治理模式对产业升级具有重要影响。卡普林斯基（Kaplinsky，2000）发现全球价值链的治理模式通过利润分配情况影响产业升级。发达国家往往因具有较强的治理能力，位于全球价值链的研发、设计等高附加值环节，从而具有较高的利润。而发展中国家为了改善利润分配不均的现状，从而进行产业升级。汉弗莱和施密茨（Humphrey and Schmitz，2010）发现全球价值链的治理模式影响生产能力，进而促进产业升级。全球价值链中发达国家跨国公司对产品质量等要求较高，促使发展中国家供应商学习先进生产技术和改善产品质量，从而提升供应商的生产能力。

部分研究者发现全球价值链的治理模式对产业升级的影响存在差异。

（1）层级型对产业升级的影响。格里芬和梅梅多维奇（Gereffi and Memedovic，2003）认为层级型不仅有助于实现工艺升级和产品升级，也有利于实现功能升级。主要原因在于，为了满足购买商的产品要求，制造商学习了购买商的生产流程、技术能力和管理知识。巴赞和阿拉曼（Bazan and Navas‐Alemán，2004）认为层级型有助于工艺升级和产品升级，但其阻碍功能升级（Schmitz and Knorringa，2000）。主要原因在于，一方面，全球价值链中领导企业往往掌握品牌、营销等核心生产活动，供应商很难与其进行竞争或合作；另一方面，发展中国家跨国企业在国外拓展市场需要具备较强的投资能力，并且存在较大风险。

（2）市场型对产业升级的影响。部分学者认为市场型对产业升级没有影响。汉弗莱和施密茨（Humphrey and Schmitz，2004）认为在市场型治理模式中，购买商不需要控制供应商，可以从市场中自由获取产品，这对于制造业产业升级没有影响。然而，部分学者通过实证研究发现市场型对功能升级有促进作用。特瓦里（Tewari，1999）通过实证研究发现市场型治理模式对功能升级有促进作用。巴赞和阿拉曼（Bazan and Navas‐Alemán，2004）发现市场型治理模式有助于功能升级，对工艺升级、产品升级的影响较小。

（3）网络型对产业升级的影响。巴赞和阿拉曼（Bazan and Navas‐Alemán，2004）认为网络型要求企业具有较高的创新能力，不利于发展中国家向全球价值链中高端攀升。发展中国家跨国企业往往不具备较强的创新能力，导致其无法较早地参与网络型全球价值链。如果发展中国家参与网络型全球价值链，就会从中提升设计能力和产品开发能力，并且能够进一步生产满足当地消费者需求的产品。

2.3.3　全球价值链嵌入对产业升级的影响

现有研究关于全球价值链嵌入对产业升级影响的结论存在差异。国外少数学者认为全球价值链嵌入能够促进产业升级。格里芬（Gereffi，1999）指出参与全球价值链有利于发展中国家实现产业升级。发展中国家跨国企业与发达国家跨国企业在交易的过程中，能够获得技术溢出和"干中学"机会，同时通过"组织演替"模式实现全球价值链攀升，并且存在工厂内升级、网络内升级、本地化升级和区域内升级的升级趋势。恩斯特（Ernst，2001）发现参与全球价值链对发展中国家的产业升级具有积极作用。主要原因在于，发达国家跨国企业为了能够获取合格的产品并不断提升技术标准，明确产品的技术标准，这会促使发达国家跨国企业不断向发展中国家代工企业传授相应的技术，促进发展中国家产业升级。

然而，大多数国外学者认为参与全球价值链不利于发展中国家产业升级。汉弗莱和施密茨（Humphrey and Schmitz，2002）认为发展中国家通过层级型治理模式在短期内有助于其工艺升级和产品升级，但是在长期内却不利于改善国际分工地位。主要原因在于，发达国家跨国企业通过研发、营销等环节获取高额利润，从而阻止发展中国家跨国企业向全球价值链中高端攀升；发展中国家因缺乏核心技术，并被发达国家锁定在利润较低的加工制造环节，阻碍了其产业升级。巴赞和阿拉曼（Bazan and Navas – Alemán，2004）认为通过全球价值链层级型治理模式促进功能升级难度较大。斯特金和川上弘美（Sturgeon and Kawakami，2010）从模块价值链视角发现发展中国家倾向于购买发达国家的模块化整体方案，容易陷入模块化陷阱，阻碍了其产业升级。

国内研究者大多数认为发展中国家跨国企业被发达国家跨国企业锁定在全球价值链低端，阻碍了其产业升级。刘志彪和张少军（2008）认为发达国家跨国企业通过层级型治理模式俘获发展中国家跨国企业的生产能力，导致发展中国家跨国企业锁定在加工制造环节，难以进行产业升级。卓越和张珉（2008）发现发达国家跨国企业通过俘获型治理模式将发展中国家跨国企业锁定在加工制造等低附加值环节，导致其产业收益分配状况日趋恶化，陷入"悲惨增长"的境地，阻碍了其产业升级。黄宁和张国胜（2015）发现发达国家跨国企业凭借其技术和资本优势不断巩固其在全球价值链上的领导地位，导致发展中国家难以跨越低端制造环节，制约了其产业升级。杨虎涛和田雨（2015）认为当发展中国家跨国企业不断承接低端制造活动，容易陷入低端制造陷阱，导致生产体系与研发活动脱离，不利于其产业升级。但是，少数国内研究者认为参与全球价值链有利于产业升级。如张辉（2004）认为无论是位于全球价值链低端还是全球价值链中高端，对于产业升级均具有重要意义。刘仕国等（2015）认为发展中国家嵌入发达国家主导的全球价值链中，位于全球价值链的低端制造环节，这为发展中国家进行产业升级提供了可能性。

2.4 文献述评

现有文献对产业升级、全球价值链以及全球价值链嵌入影响产业升级的相关研究进行了有益探索，为本书深入探讨全球价值链背景下产业升级路径的协调发展奠定了坚实基础，但还存在以下不足以及可能改进的方向：

第一，现有文献主要指出全球价值链嵌入对产业升级具有重要影响，相对缺乏理论基础的研究，尤其是尚未深入探讨其影响机制。现有研究仅考虑传统要素禀赋、制度因素和国际因素中的单一因素，得出的研究结论可能存在不准确性。

第二，现有研究仅停留于产业升级表面探讨产业结构升级、产业集群升级和产业转型升级问题，制约了产业升级的进程。随着全球价值链分工的不断深入，传统的产业或部门间升级已经逐步转变为工艺升级和产品升级等多种形态的升级。那么，中国工艺升级和产品升级的现状如何？全球价值链嵌入对中国工艺升级和产品升级有何影响？这一影响是否存在异质性？其影响机制又是什么？

第三，现有文献尽管从产品视角考察产业升级，但忽略了工艺升级与产品升级之间的协调发展关系，其中工艺升级是产品升级的基础，而产品升级是价值链升级的"关键节点"，从而导致结论存在偏误。中国工艺升级与产品升级协调发展水平如何？是否存在收敛性？全球价值链嵌入对其又有何影响？这一影响是否存在异质性？

第3章

全球价值链嵌入影响产业
升级的理论分析

随着全球价值链分工体系的不断深化，部分国家尤其是发展中国家通过参与发达国家主导的全球价值链分工体系，实现了本国内部产业升级，如新加坡等国家基本完成了由加工组装配件到自主品牌创造升级的转型过程（王思语和郑乐凯，2019）。然而，部分发展中国家如巴基斯坦在参与全球价值链分工的过程中，面临"低端锁定"的风险，导致其产业升级严重受阻（Gereffi and Lee，2012）。因此，全球价值链嵌入对产业升级的影响具有不确定性。现有文献主要指出全球价值链嵌入对产业升级具有重要影响，尚缺乏对这一不确定性影响的机制分析。为此，本章理论分析全球价值链嵌入对产业升级的影响，首先构建全球价值链嵌入影响产业升级的理论框架，其次深入分析全球价值链嵌入影响产业升级的作用机制。

3.1 全球价值链嵌入影响产业升级的理论框架

伴随着国际贸易的不断发展，国际贸易理论经历了古典贸易理论、新古典贸易理论、新贸易理论、新兴古典贸易理论和新新贸易理论五个阶段。其中，新贸易理论是梅里兹（Melitz，2003）将企业异质性引入库普曼（Krugman，1979）框架开启的最前沿的国际贸易理论。但是，梅里兹（Melitz，2003）的推论无法解释现实中企业出口价格的问题，因此许多学者如哈拉克和西瓦达桑（Hallak and Sivadasan，2009）放松其假设，并将产品质量内生化，从而解释了出口企业与非出口企业、出口企业在不同市场的价格差异问题。上述研究主要是将贸易纳入内生经济增长理论的分析框架中。溯源于经济增长理论，现代经济学增长理论经历了新古典增长理论、内生经济增长理论和内生熊彼特经济增长理论三个主要阶段，内生经济增长理论认为内生的技术进步有助于经济增长，超越了外生技术进步增长理论对经济增长机制的刻画，更为客观地捕捉到了经济增长动力的本质特征（易信和刘凤良，2015）。而且，质量是影响中国贸易升级的重要因素。从现实层面看，中国尽管在出口规模、贸易广度等方面实现了对发达国家的赶超，但是质量差距是中国出口贸易落后于发达国家的重要方面（施炳展，2013）。并且，近年来随着收入水平的提升，国内消费者倾向于购买国外奢侈品，而国内奢侈品牌难以卖出高价格，并且具有极少的一线国际品牌。

因此，本章在哈拉克和西瓦达桑（Hallak and Sivadasan，2009）的质量内生决定理论模型，以及易信和刘凤良（2015）运用的内生经济增长模型的基础上，构建一般均衡模型，从而更好地阐述部门技术水平对工艺升级和产品升级的影响。为了更清晰地说明技术创新对工艺升级和产品升级的影响机理，本章借鉴遇芳（2013），假设工艺升级表现为产品无差异前提下部门单位产出需要较少的劳动力数量，即企业劳动生产率的不断提升；产品升级表现为劳动力数量一定的情况下产品质量的不断提升。

3.1.1　消费者效用最大化选择

借鉴哈拉克和西瓦达桑（Hallak and Sivadasan，2009），本节认为消费者效用水平不仅取决于产品数量，也与产品质量有关，因此消费者最优选择是由产品价格与产品质量的比值决定。为此，本文设代表性消费者的效用函数为考虑产品垂直差异性的常替代弹性效用函数，则消费者效用最大化问题，如下：

$$\max U = \left[\int_0^n (\lambda_{it\omega} q_{it\omega})^\rho d\omega \right]^{\frac{1}{\rho}}, \ 0 < \rho < 1 \tag{3.1}$$

$$s. t. \int_0^n p_{it\omega} q_{it\omega} d\omega = I \tag{3.2}$$

其中，i 表示行业，t 表示时间。ω 为产品的种类，假定每个部门仅生产一种产品，因此 ω 也表示部门。$\lambda_{it\omega}$ 表示消费者在时间 t 消费的 i 行业产品种类 ω 的质量，$q_{it\omega}$ 表示消费者在时间 t 消费的 i 行业产品种类 ω 的数量，$p_{it\omega}$ 表示消费者在时间 t 消费的 i 行业产品价格。I 为消费者购买消费商品的支出，即消费者的预算约束。

在（3.1）式和（3.2）式的基础上，本节构建拉格朗日函数，根据消费者效用最大化一阶条件，可得产品间的替代弹性 $\sigma = 1/(\rho - 1)$，其中 $\sigma > 1$。同时，结合价格指数 $P_{it} = \int_0^n p_{it\omega}^{1-\sigma} \lambda_{it\omega}^{\sigma-1} d\omega$，可得消费者对产品 ω 的需求函数，如下：

$$q_{it\omega} = \lambda_{it\omega}^{\sigma-1} p_{it\omega}^{-\sigma} \frac{I}{P_{it}^{1-\sigma}} \tag{3.3}$$

3.1.2　生产者的最优生产行为

首先，最终产品部门的最优生产行为。本节借鉴易信和刘凤良（2015），假设最终产品市场和要素市场都完全竞争，并且最终产品由劳动和连续为 1 的专业化中间产品生产而成，同时设定部门生产技术规模报酬不变，满足凹性特征与稻田条件。因此，本节设定最终产品部门的生产函数如下：

$$Y_{it} = L_{it}^{1-\alpha} \int_0^1 A_{it\upsilon}^{1-\alpha} x_{it\upsilon}^{\alpha} d\upsilon \tag{3.4}$$

其中，i 表示行业，t 表示时间。Y_{it} 是行业 i 在时间 t 的最终产品产量，L_{it} 是行业 i 在时间 t 的劳动投入量，x_{itv} 为行业 i 在时间 t 生产最终产品的中间产品 v 的最新或最近系列，A_{itv} 则为与之相关的生产效率系数。

在完全竞争的市场环境下，最终产品部门通过选择最优的劳动和中间品要素投入组合实现利润最大化。因此最终产品部门的最优化目标函数表示如下：

$$\max_{(L_{it}, x_{itv})} \pi_{it} = p_{it}Y_{it} - W_t L_{it} - \int_0^1 p_{itv} x_{itv} dv \qquad (3.5)$$

其中，p_{itv} 表示行业 i 在时间 t 的中间品要素价格。根据利润最大化条件，即要素价格等于其边际产品价值，可得：

$$p_{itv} = \alpha p_{it} L_{it}^{1-\alpha} A_{itv}^{1-\alpha} x_{itv}^{\alpha-1} \qquad (3.6)$$

其次，中间品部门的最优生产行为。中间产品部门通过选择最优行业最终产品投入量实现利润最大化，因此中间品部门的最优化的目标函数表示如下：

$$\max_{x_{itv}} p_{itv} x_{itv} - p_{it} x_{itv} \qquad (3.7)$$

结合（3.6）式和（3.7）式，可得中间品厂商生产的最优中间品产量为：

$$x_{itv}^* = L_{it} \alpha^{2/(1-\alpha)} A_{itv} \qquad (3.8)$$

其中，中间品包括企业自身生产和从国外进口两部分。

将（3.8）式代入最终品部门生产函数（3.4）式，则可得到最终产品部门在劳动力投入量为 L_{it} 时的最优产量为：

$$Y_{it} = L_{it} \alpha^{2\alpha/(1-\alpha)} A_{it} \qquad (3.9)$$

其中，$A_{it} = \int_0^1 A_{itv} dv$，表示行业 i 在时间 t 的中间品的技术水平。需要说明的是，为了能够使企业利润最大化，开放条件下中间品厂商一方面可以通过自主研发方式提升中间品技术水平；另一方面根据比较优势理论可知，企业生产中间品的成本可能大于国外进口中间品的成本，因此中间品厂商可能通过参与全球价值链分工直接从其他国家进口技术水平较高的部分中间品，或者在自主研发的基础上通过技术引进、对外投资或引进外资的方式提升中间品技术水平。但是，中间品厂商进行的研发活动能否成功存在不确定性。具体而言，假定行业 i 在时刻 t 改进生产水平程度 $\theta_i(\theta_i \geq 1)$ 的概率为 μ_{itv}，而未改进生产水平的概率为 $1 - \mu_{itv}$，则：

$$A_{itv} = \begin{cases} \theta_i A_{i,t-1,v}, & \text{概率为 } \mu_{itv} \\ A_{i,t-1,v}, & \text{概率为 } 1 - \mu_{itv} \end{cases} \quad (3.10)$$

中间品厂商通过增加研发投入提高改进生产水平的概率。参考易信和刘凤良（2015），设定研发生产函数如下：

$$\mu_{itv} = \lambda_i \left(\frac{R_{itv}}{L_{it} A_{itv}^*} \right)^{1/2} \quad (3.11)$$

其中，R_{itv} 为研发投入量；λ_i 为研发效率参数，且 $\lambda_i > 0$；A_{itv}^* 为创新目标。假定中间品厂商研发活动成功时的创新收益为 π_{itv}，失败时的创新收益为 0。假定全球市场完全竞争，均衡时部门的期望利润为零，则中间品厂商通过参与全球价值链提升其技术水平的成本为 $C_{itv} = p_{it}$ $(GVC_{it} R_{itv} / \tau_i)$，其中，$GVC_{it}$ 反映了行业嵌入全球价值链后获取新技术的难度；τ_i 表示研发项目带来正向回报的概率。则中间品厂商创新的最优化行为如下：

$$\max_{\mu_{itv}} \mu_{itv} \pi_{itv} - p_{it} R_{itv} - p_{it} \frac{GVC_{it} R_{itv}}{\tau_i}$$

$$= p_{it} \left\{ L_{it} A_{itv}^* \mu_{itv} \left[(1-\alpha) \alpha^{\frac{1+\alpha}{1-\alpha}} - \left(\frac{\mu_{itv}}{\lambda_i} \right)^2 \right] - \frac{GVC_{it} R_{itv}}{\tau_i} \right\} \quad (3.12)$$

求解上述无约束最优化问题，可以得到最优创新概率如下：

$$\mu_{itv} = \frac{1}{2} \frac{(1-\alpha) \alpha \dfrac{1+\alpha}{1-\alpha} \lambda_i^2}{1 + GVC_{it}/\tau_i} \quad (3.13)$$

根据（3.13）式可知，创新成功的概率与中间品密集使用程度 α、研发效率 λ_i、行业嵌入全球价值链后获取新技术的难度 GVC_{it} 和研发项目的可行概率 τ_i 有关。同时也表明行业 i 的各类中间品 v 的创新概率均相同。因此，在最优创新概率下，中间品的平均生产效率 A_{it} 如下：

$$A_{it} = \int_0^1 \theta_i A_{i,t-1,v} \mu_{itv} dv + \int_0^1 A_{i,t-1,v}(1 - \mu_{itv}) dv = \theta_i A_{i,t-1} \mu_{itv} + A_{i,t-1}(1 - \mu_{itv})$$

$$(3.14)$$

根据（3.14）式可得，行业 i 的技术进步增长率如下：

$$g_{it} = \frac{1}{2}(\theta_i - 1) \frac{(1-\alpha)\alpha \frac{1+\alpha}{1-\alpha} \lambda_i^2}{1 + GVC_{it}/\tau_i}$$

$$(3.15)$$

根据（3.15）式可得：

$$\frac{\partial g_{it}}{\partial GVC_{it}} = -\frac{1}{2}(\theta_i - 1) \frac{(1-\alpha)\alpha \frac{1+\alpha}{1-\alpha} \lambda_i^2}{\theta_i(1 + GVC_{it}/\tau_i)} < 0$$

$$(3.16)$$

根据（3.16）式可知，随着行业嵌入全球价值链后获取新技术的难度增加，行业技术进步的增长率将降低。

3.1.3 技术创新对产业升级的影响

3.1.3.1 技术创新对工艺升级的影响

根据（3.9）式可得：

$$y_{it} = \alpha^{2\alpha/(1-\alpha)} A_{it}$$

$$(3.17)$$

其中，$y_{it} = \dfrac{Y_{it}}{L_{it}}$ 为人均产出，表示劳动生产率，以衡量工艺升级。

根据（3.17）式可知，人均产出由技术水平决定，通过一阶求导可得：

$$\frac{dy_{it}}{dA_{it}} = \alpha^{2\alpha/(1-\alpha)} > 0$$

$$(3.18)$$

根据（3.18）式可知，中间品技术水平的提升有助于工艺升级。

3.1.3.2 技术创新对产品升级的影响

根据市场出清条件，将（3.9）式代入（3.3）式可得：

$$\lambda_{it\omega} = L_{it}^{1/(\sigma-1)} \alpha^{2\alpha/[(1-\alpha)(\sigma-1)]} p_{it\omega}^{\sigma/(\sigma-1)} I^{1/(1-\sigma)} P_{it}^{-1} A_{it}^{1/(\sigma-1)} \qquad (3.19)$$

根据（3.19）式可知，在劳动力数量和产品价格不变的情况下，产品质量由技术水平决定，通过一阶求导可得：

$$\frac{d\lambda_{it\omega}}{dA_{it}} = \frac{1}{\sigma-1} L_{it}^{1/(\sigma-1)} \alpha^{2\alpha/[(1-\alpha)(\sigma-1)]} p_{it\omega}^{\sigma/(\sigma-1)} P_{it}^{-1} I^{1/(1-\sigma)} A_{it}^{(2-\sigma)/(\sigma-1)} > 0$$

$$(3.20)$$

根据（3.20）式可知，中间品技术水平的提升有助于产品升级。

根据上述分析可知，参与全球价值链通过技术创新能够影响工艺升级和产品升级。

3.2 全球价值链嵌入影响产业升级的作用机制

在 3.1 节理论框架的设定下，本书得出参与全球价值链通过技术创新能够影响工艺升级和产品升级。本部分将深入分析全球价值链嵌入如何影响技术创新进而影响工艺升级或产品升级。全球价值链嵌入对产业升级影响的作用机制包括直接作用机制和间接作用机制，其中直接作用机制包括促进作用机制和抑制作用机制。

3.2.1 全球价值链嵌入促进产业升级的直接作用机制分析

全球价值链嵌入促进产业升级的直接作用机制包括全球价值链嵌入的规模效应、竞争效应和产业关联效应。

第一，全球价值链嵌入的规模效应促进产业升级。全球价值链的规模效应是指参与全球价值链分工的企业不仅拥有国内市场，也可以融入海外市场，进一步扩大市场规模，实现各生产环节的规模经济。一方面，规模效应有助于企业从事研发创新活动。波莱尔等（Bøler et al., 2015）认为规模效应能够增加企业的边际利润率，提高了企业增加研发创新活动费用可能性，如加大技术改造经费的投入，从而保证企业进行持续的技术改进和产品创新。布卢姆等（Bloom et al.，2016）认为规模效应可以降低企业的创新边际成本和准租金，从而提高了企业从事创新活动的可能性。同时，规模效应有利于企业集中研发资本快速提升某一产品的生产技术和质量水平，甚至产生新专利和新产品。马述忠和吴国杰（2016）认为规模效应促使生产要素和中间商品在全球范围内配置，促进全球资源配置效率的同时，为企业提供获取技术知识的可能性，有助于企业提升创新能力。另一方面，规模效应有助于参与全球价值链的跨国企业集中生产某一产品，有助于提高企业生产率。吕越等（2017）认为企业进入全球市场，通过规模经济学习新技术以及生产新产品，提升生产效率。王思语和郑乐凯（2019）认为参与国际分工的企业实现了各生产环节的规模经济，提高了全员劳动生产率。

第二，全球价值链嵌入的竞争效应促进产业升级。全球价值链嵌入的竞争效应是指全球价值链中的企业会面临较多的竞争，会主动进行研发，保持甚至提升其竞争优势或者发挥其后发优势，从而促进产业升级。全球价值链的竞争效应主要包括技术水平相近的企业间的竞争效应和技术水平差距较大的企业间的竞争效应两种。其中，技术水平相近的企业间的竞争效应是指国内企业面临来自国外技术水平相近的企业的竞争，为了扩大其市场份额和维持其垄断地位，会不断增加研发经费提升研发创新能力。佩勒托（Peretto，2003）认为国外企业的竞争有利于国内企业进行研发创新，从而降低生产成本和扩大市场份额。阿吉翁等（Aghion et al.，2009）认为技术水平较高的企业，在面临潜在竞争者时会通过研发创新投资，保持市场垄断地位。技术水平差距较大的企业间的竞争效应是指发展中国家跨国企业利用人口红利等具有比较优势的资源融入全球价值链，抢占了发达国家跨国企业原有的低端制造环节，均有利于两种企业的产业升级。从发达国家跨国企业角度来看，发达国家跨国企业可以将有限的资源全部用于研发和设计等高附加值环节，从而提升研发效率，有利于产业升级。布卢姆等（Bloom et al.，2016）认为来自发展中国家的竞争将有利于发达国家专业化于研发创新环节。从发展中国家跨国企业角度来看，发展中国家跨国企业通过竞争参与全球价值链低端制造环节，有机会与上游企业进行合作，引进跨国企业的前沿技术，从而推进产业升级。随着技术水平的不断提高，企业通过后发优势，逐步实现产业升级。刘仕国等（2015）认为发展中国家嵌入发达国家主导的全球价值链的低附加值环节，这为发展中国家进行产业升级提供了可能性。

第三，全球价值链嵌入的产业关联效应促进产业升级。全球价值链嵌入的产业关联效应是指全球价值链中的企业利用与其他企业的关联关系获取关联企业产生的知识和技术。全球价值链嵌入的产业关联效应主要包括企业与其上游企业和下游企业的关联，以及通过上游企业或下游企业关联的企业两个方面。具体而言，全球价值链中企业与其上游企业和下游企业进行合作，从而发生知识溢出效应。其中，从前向关联的视角看，知识溢出效应是指全球价值链中的企业向其下游企业产生的知识溢出效应；从后向关联的视角来看，知识溢出效应是指全球价值链中的企业向其上游企业产生的知识溢出效应。全球价值链中的企业由于产业关联的作用，会进行生产工艺、组织管理模式等知识的交流，为企业的技术进步提供了机会，从而增加了其实现产业升级的可能性。如上游企业会获得生产性设施，专业化于研发创新环节，为保证产品质量愿意向下游企业转移知识，此时下游企业会获得先进的技术指导和管理经验等知识，从而提高技术水平以适应产业升级的需要。通过上游企业或下游企业关联的企业，会发生竞争，促进技术水平提升，有助于产业升级。全球价值链中的企业为了能够长期保持与上游企业或下游企业的联系，会不断增加研发费用，提升自主研发创新能力。张辉（2005）认为全球价值链中的地方产业集群既紧密合作又相互竞争，并不是自然而然地向全球价值链中高端攀升的一个过程，而是时刻处于激烈的竞争环境中，演绎着升级和反升级的较量。

3.2.2　全球价值链嵌入抑制产业升级的直接作用机制分析

全球价值链嵌入对产业升级的抑制作用机制包括全球价值链嵌入的低端锁定效应、技术吸收能力的门槛效应和挤出效应。

第一，全球价值链嵌入的低端锁定效应抑制产业升级。全球价值链嵌入的低端锁定效应是指发展中国家跨国企业嵌入全球价值链附加值低的制造环节，往往被全球价值链中高端的发达国家跨国企业阻碍并俘获，难以向全球价值链中高端攀升，并对全球价值链的低附加值活动产生路径依赖。具体而言，发达国家跨国企业往往掌握核心技术，通过研发、营销等环节获取高额利润，从而阻止发展中国家跨国企业向全球价值链中高端攀升；而发展中国家因缺乏核心技术，被发达国家跨国企业锁定在利润较低的低端制造环节，使其难以实现产业升级。汉弗莱和施密茨（Humphrey and Schmitz，2002）认为发展中国家通过全球价值链层级型治理模式在长期内却不利于改善国际分工地位。黄宁和张国胜（2015）发现发达国家跨国企业凭借其技术和资本优势不断巩固其在全球价值链上的领导地位，导致发展中国家难以跨越低端制造环节，限制了企业向全球价值链中高端攀升能力的培养，制约了其产业升级。斯特金和川上弘美（Sturgeon and Kawakami，2010）从模块价值链视角发现发展中国家跨国企业倾向于购买发达国家跨国企业的模块化整体方案，容易陷入模块化陷阱，阻碍了其产业升级。杨虎涛和田雨（2015）认为当发展中国家跨国企业不断承接低端制造活动，容易陷入低端制造陷阱，导致生产体系与研发活动脱离，不利于其产业升级。吕越等（2018）认为发展中国家企业对全球价值链过度依赖，容易导致本土产业转移到低端制造环节，无法快速积累创新活动所需的资金，甚至会产生过度竞争的产品市场，阻碍了产业升级。

第二，全球价值链嵌入的技术吸收能力的门槛效应抑制产业升级。全球价值链嵌入的技术吸收能力的门槛效应是指发展中国家嵌入全球价值链，可以获取发达国家的前沿技术，但是外溢技术的掌握取决于企业对于技术的吸收能力。科恩和利文索尔（Cohen and Levinthal，1989）认为技术吸收能力较强的企业更有能力吸收外部扩散的技术。黄凌云等（2007）认为吸收能力影响外商直接投资的技术溢出效应。此后，张宇（2008）也认为吸收能力对于外商直接投资的技术外溢效应具有重要影响（何兴强等，2014）。谢建国和周露昭（2014）认为人力资本吸收能力对国外研发的技术外溢具有重要影响。陈岩（2011）认为对外直接投资的技术溢出效应并非是一致的，而是取决于跨国企业所在地区的吸收能力。尹东东和张建清（2016）认为吸收能力对对外直接投资的技术溢出效应具有重要影响。莫利纳利等（Molinari et al.，2013）认为通过吸收引进发达国家的技术可以实现发展中国家技术升级的需要，但是技术吸收能力的门槛效应阻碍了国家进行产品创新，与本土创新的关系表现为替代关系（肖利平和谢丹阳，2016）。

第三，全球价值链嵌入的挤出效应抑制产业升级。全球价值链嵌入的挤出效应是指发展中国家向全球价值链攀升的过程中，不仅受发达国家的阻碍，也面临来自其他发展中国家的挤占危机，难以进行产业升级。具体来看，早期嵌入全球价值链的发展中国家的跨国企业，其部分产业在一定程度上实现优化升级的同时，被发达国家跨国企业锁定在低端制造环节，并且其多数产业属于低附加值的劳动密集型产业，或者是高端产业的低端环节。戴翔和金碚（2014）认为中国参与发达国家跨国公司主导的国际分工体系，实现了贸易规模的快速扩张，其出口商品结构实现了优化升级，但是中国产业依然存在附加值低的粗放型特征。经济全球化不断深入发展，越来越多的发展中国家的跨国企业参与到全球竞争中，全球要素出现高端回流低端转移的重塑阶段，美国、德国等发达国家推进高起点"再工业化"，印度、越南等发展中国家加速工业化，产业要素成本快速提高，并且参与全球价值链和向全球价值链高端攀升的条件发生深刻变化，早期参与全球价值链的发展中国家的产业面临不断被挤占的危机，阻碍其产业升级。汉弗莱和施密茨（Humphrey and Schmitz，2002）认为全球价值链中存在不升反降的挤出效应。魏龙和王磊（2017）认为发达国家跨国企业对全球价值链进行重构，会寻找新的"工资洼地"，实现低端制造环节的重新配置，这可能使长期位于全球价值链低端的发展中国家跨国企业与其脱钩（田文等，2015），存在被挤出全球价值链的风险。刘志彪和吴福象（2018）认为中国嵌入发达国家跨国企业主导的全球价值链，成就了制造业大国的地位，但其产业的生存和发展空间正面临发达国家和发展中国家的双重挤压。

3.2.3 全球价值链嵌入影响产业升级的间接作用机制分析

全球价值链嵌入影响产业升级的间接作用机制包括全球价值链通过创新驱动效应和人力资本积累效应影响产业升级。

全球价值链嵌入的创新驱动效应是指全球价值链分工体系促使企业通过中间品进口、引进外资和对外投资等渠道实现技术溢出，影响产业升级。

第一，中间品进口贸易的创新驱动效应。随着全球价值链分工的深入发展，中间品贸易不断完善，进口中间品在经济活动中扮演着越来越重要的角色，是新知识和技术的主要载体之一，通过学习效应、水平效应和价格效应促进全要素生产率提升（Romer，1990；Grossman and Helpman，1991；Melitz and Ottaviano，2008；Amiti and Konings，2008）。哈本恩等（Halpern et al.，2009）认为进口中间投入种类的质量优于国内投入品且与国内投入品互补，从而促进全要素生产率提升（钱学锋等，2011）。中间品贸易自由化不仅能够降低企业的成本，有助于企业增加研发投入，也能够促进企业通过购买核心零部件，获取更多的核心技术（田巍和余淼杰，2014）。张翊等（2015）认为企业全要素生产率受企业进口中间品的数量、种类和价格效应影响。此外，进口中间产品通过产品种类机制、质量机制和技术溢出效应等"进口中学"的机制使企业全要素生产率产生变化（张杰等，2015）。

第二，引进外资的创新驱动效应。引进外资的技术溢出效应是指全球价值链中掌握核心技术的外商投资企业，采用外商直接投资的方式参与东道国企业的生产，通过示范效应、培训效应和竞争效应，对东道国形成技术溢出效应。具体而言，外商直接投资企业往往具有新的生产技术和组织管理经验，有动机进行知识转让和技术溢出（吕越等，2018），从而对东道国企业技术产生影响。一方面，东道国企业会主动或者被动学习外商投资企业的新技术和管理经验提高生产率，维持较高的市场份额；另一方面，外商投资企业会通过培训工作人员技术和管理经验保持市场竞争优势，该部分工作人员辞职后进入东道国本土企业，则东道国企业就具有新技术和管理经验。杰弗逊（Jefferson，2001）认为外资对于新产品开发具有显著的溢出效应。冼国明和严兵（2005）认为外商投资对于专利数据具有溢出效应。罗伟和葛顺奇（2015）认为外商投资企业往往具有垄断竞争优势，在东道国设立的子公司与东道国企业的自主研发水平存在差距，影响了东道国企业的自主研发水平。杨红丽和陈钊（2015）认为外商投资企业对东道国企业的技术溢出效应包括水平溢出（示范效应、竞争效应和培训效应）的直接效应和间接效应（通过垂直联系而产生的间接水平溢出）。

第三，对外投资的创新驱动效应。对外投资的逆向技术溢出效应是指对外投资企业采用绿地投资或跨国并购等对外投资模式嵌入全球价值链，融入东道国生产研发体系，主要通过研发反馈效应、学习效应和人才吸收效应，对母国形成技术转移和溢出效应。具体而言，对外投资企业融入东道国的研发体系，对母国技术产生影响。一方面，对外投资企业以合作的方式参与东道国企业的研发活动，或者直接在东道国投资建立研发中心，雇用东道国本地的研发人员，从而掌握先进的核心技术并反馈至母国；另一方面，根据东道国企业要求学习并掌握生产技术的改进方法和产品质量的提升方式，同时积极与东道国技术人员进行联系，有效吸收技术人员的技术能力，甚至引进技术人员，对于母国相关企业技术水平的提升具有重要影响。对外投资企业通过对外直接投资方式参与研发支出密集型产业的生产活动，可以吸收东道国的技术能力（Kogut and Chang, 1991）。邵玉君（2017）也证实了对外直接投资对母国能够产生技术进步效应（赵伟等，2006）。沙文兵（2012）认为对外直接投资通过逆向技术溢出效应能够促进创新能力的提升，并且这一影响具有持续性特征（毛其淋和许家云，2014），但存在门槛效应（鲁万波等，2015；杜龙政和林润辉，2018）。

全球价值链嵌入的人力资本积累效应指跨国企业参与全球价值链，借助全球价值链中人力资本流动，实现人力资本流动，从而影响产业升级。具体而言，发展中国家跨国企业通过合作的形式，与全球价值链中发达国家跨国企业的技术人员进行交流，在学习技术和管理经验的过程中，一方面提升企业技术人员的水平，另一方面可以通过人才引进机制吸引发达国家跨国企业的技术人员服务本土企业，从而使本土企业人力资本增加。马述忠和吴国杰（2016）认为随着全球价值链分工的不断发展，国家间的贸易壁垒逐渐被削弱，使人力资源在不同国家间自由流动，从而有利于人力资本的形成。随着人力资本的不断增加，发展中国家跨国企业可以快速学习发达国家跨国企业的先进技术和管理知识，以提升自身创新能力（王玉燕等，2014），增大突破技术瓶颈的可能性，不断迈向全球价值链中高端。同时，伴随高端人才向高端产业不断转移，发展中国家跨国企业为了吸引高端人才会不断向全球价值链的高附加值环节攀升，并且其推动消费需求的不断提升，从而实现产业升级。代谦和别朝霞（2006）认为人力资本积累能够促进国家的比较优势向有利的方向演变，使发展中国家不断进入更高级的产业，从而实现产业升级。苏杭等（2017）基于投入—产出的分析视角发现要素结构升级在产业结构升级中扮演重要的角色。相对于资本投入和研发投入，劳动力投入对考察期内中国制造业产业内升级具有较大的影响。阳立高等（2018）认为人力资本积累通过影响劳动力的就业偏好以及收入水平与消费结构作用于产业升级。

根据上述分析可知，全球价值链嵌入影响产业升级的作用机制如图 3.1 所示。

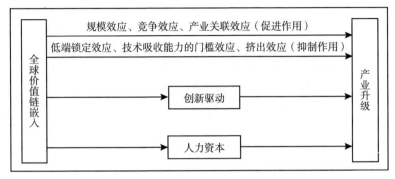

图 3.1　全球价值链嵌入影响产业升级的作用机制

3.3　本 章 小 结

本章理论分析了全球价值链嵌入对产业升级的影响。首先，运用质量内生决定理论模型和内生经济增长模型，构建了全球价值链嵌入影响产业升级的理论框架。其次，深入分析了全球价值链嵌入影响技术创新进而对产业升级影响的作用机制。研究发现，全球价值链嵌入的规模效应、竞争效应和产业关联效应促进产业升级；全球价值链嵌入的低端锁定效应、技术吸收能力的门槛效应和挤出效应抑制产业升级；全球价值链嵌入通过创新驱动效应和人力资本积累效应影响产业升级。

第4章

全球价值链嵌入影响中国
产业升级的实证分析

改革开放以来，中国积极参与发达国家主导的全球价值链分工体系，实现了高速增长和产业适度升级的同时，部分产业位于全球价值链低端，存在"高端产业低端化"和"高技术不高"现象。与此同时，中国产业传统的资源禀赋比较优势逐年失去，土地、劳动力等要素价格越来越高，资源、环境的约束越来越紧和部分产业产能过剩，并且全球要素出现高端回流低端转移的重塑阶段（刘志彪和吴福象，2018），中国产业面临不断被挤占的危机。面对上述困境，如何顺利实现产业升级成为中国亟待解决的关键问题。产业升级理论最早追溯至李斯特的产业结构阶段论。此后，大量学者从不同角度考察产业结构演进规律，最具有代表性的是霍夫曼定理、配第—克拉克定理、库兹涅茨法则、赤松的雁阵式模型和马克思两大部类分类法的产业结构升级模式。随着研究的不断深入，许多学者认为产业升级不仅仅指产业结构升级（李江涛和孟元博，2008），还包括产业转型升级（Porter，1990；芮雪琴等，2014）和产业集群升级（Grossman and Helpman，1991；金碚，2011）。随着全球价值链分工的不断深入，传统的产业或部门间升级已经逐步转变为工艺升级和产品升级等多种形态的升级（盛斌和陈帅，2015）。那么，中国工艺升级和产品升级的现状如何？全球价值链嵌入对中国工艺升级和产品升级有何影响？这一影响是否存在异质性？其影响机制又是什么？

为了回答上述问题，本章首先构建工艺升级和产品升级的综合评价指标体系，测度并分析中国制造业工艺升级和产品升级综合发展水平及其演进趋势和发展现状，同时运用全球价值链的位置指数，测度并分析中国制造业全球价值链的位置及其演进趋势和发展现状。其次，采用可行广义最小二乘法实证研究全球价值链嵌入位置对中国制造业工艺升级和产品升级的影响。最后，运用中介效应模型验证全球价值链嵌入位置影响中国制造业工艺升级和产品升级的间接作用机制。

4.1 中国产业升级与全球价值链嵌入位置的现状

4.1.1 中国产业升级演进趋势和现状分析

4.1.1.1 中国产业升级政策演进趋势和现状分析

现有研究将产业政策主要分为选择性和功能性两种，并且其存在功能性产业政策逐渐取代选择性产业政策的趋势。选择性产业政策主要表现为政府在其中具有引导作用，并且其存在干预产品价格、要素配置等经济活动，甚至替代市场（江飞涛和李晓萍，2015）。该政策尽管能够弥补市场的不足，但是也影响了生产效率（Powell，2005）。因此，政府应该尽可能采用功能性产业政策，而规避选择性产业政策（李晓萍和罗俊，2017）。功能性产业政策则表现为市场处于主导地位，通过市场机制推动产业结构演变，而政府与市场表现为协同的关系。然而，近年来新结构经济学中的产业政策理念则像是包含了选择性和功能性产业政策两种理念（江飞涛和李晓萍，2018）。

从中国产业升级政策的实践来看，改革开放以来中国产业政策存在由选择性向功能性演进的趋势。1978～1992 年，中国通过选择性产业政策推动计划经济向市场经济渐进式转变，并取得了较好的产业升级政策效果。如中国政府于 1986 年和 1988 年分别制订了关于发展高技术的"863 计划"和"火炬计划"；国家科委和国家体改委于 1991 年发布了推进高新技术产业发展的决定，旨在促进产业结构优化调整。国家计委于 1992 年开始新一轮产业政策的制定，同年党的十四大开始重视社会主义市场经济体制的完善。该时期的产业政策符合产业发展的需要，政策效果明显，经济增速平均为 9% 以上（葛秋萍和李梅，2013），同时大部分产业也存在高能耗、高污染和低附加值的特征。

1993～2002 年，中国产业偏向于功能性产业政策，并强调技术对于产业发展具有重要作用。1993 年，党的十四届三中全会的召开标志着社会主义市场经济体制改革的全面推进。中国于 2001 年加入世界贸易组织，面临来自国外的竞争。2002 年，国家经贸委会同国务院有关部门发布了关于产业技术政策的文件，旨在提高产业自主创新能力，实现产业结构升级，同时党的十六大明确提出市场在资源配置具有基础性作用。该时期的产业政策注重技术在产业发展中的作用，大部分产业通过技术引进为主的方式促进产业发展，少部分产业则以自主创新为主的方式促进产业结构升级。

2003～2024 年，中国偏向于采用功能性产业政策，并逐步确立了创新驱动发展政策在产业发展中的重要作用。2003 年，党的十六届三中全会明确提出，市场在资源配置中具有基础性作用。2005 年，党的十六届五中全会提出，自主创新能力对产业结构的调整具有重要影响。2008 年，受国际金融危机的影响，中国对重点产业结构进行调整，并且战略性新兴产业备受关注（江飞涛和李晓萍，2018）。2012 年国务院发布了以"市场主导、政府调控"和"创新驱动、开放发展"为原则的战略性新兴产业发展的规划。2013 年，党的十八届三中全会明确指出使市场在资源配置中起决定性作用的要求。党的十八大以来，中国制定了关于创新驱动发展的产业政策，如《国家创新驱动发展战略纲要》。2017 年，党的十九大报告明确指出市场和政府在资源配置中的作用，其中市场在其中起决定性作用。

4.1.1.2　中国工艺升级演进趋势和现状分析

基于工艺升级和产品升级内涵及其协调发展机制的分析，依据建立评价指标体系的科学性、系统性以及数据的可获得性等原则，本章选取技术改造经费支出、技术引进经费支出、消化吸收经费支出、研究与试验发展内部经费支出和劳动生产率 5 个指标对制造业工艺升级的演进趋势和现状进行分析，详见图 4.1。

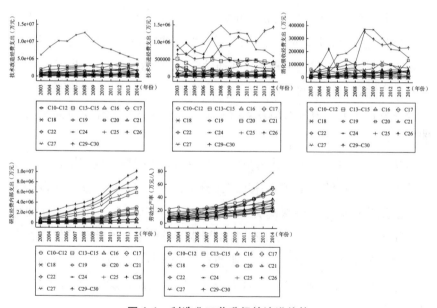

图 4.1　制造业工艺升级的演进趋势

注：行业代码表示的行业详见 4.2 节 4.2.1 中的数据说明，下同。

图 4.1 描述了考察期内制造业工艺升级各项指标及其演进趋势。

根据图 4.1 可知，制造业细分行业工艺升级各项指标及其演进趋势存在差异。具体来看，大部分制造业细分行业的技术改造经费支出、技术引进经费支出和消化吸收经费支出呈现较小的波动趋势，但部分制造业细分行业存在较大的波动趋势。如黑色金属冶炼及压延加工业和有色金属冶炼及压延加工业在 2003~2008 年技术改造经费支出、技术引进经费支出和消化吸收经费支出整体呈上升趋势，但在 2009~2014 年表现为下降趋势；通信设备、计算机及其他电子设备制造业和交通运输设备制造业的技术引进经费支出和消化吸收经费支出存在较大的波动趋势。制造业细分行业的研发经费内部支出和劳动生产率整体表现为上升趋势，且在 2008 年以后增加的幅度较大。如农副食品加工业、食品制造业、饮料制造业和烟草制品业在 2003 年的研发经费内部支出为 231 578 万元，到 2008 年则增加至 723 784.9462 万元，年均增加 98 441.3892 万元；2009 年为 1 007 636.745 万元，到 2014 年则增加至 3 126 370.8029 万元，年均增加 423 746.8120 万元。并且，高技术研发经费内部支出较多，如通信设备、计算机及其他电子设备制造业、交通运输设备制造业、黑色金属冶炼及压延加工业和有色金属冶炼及压延加工业、电气机械及器材制造业、化学原料及化学制品制造业和化学纤维制造业。

接下来，本节基于上述衡量工艺升级的 5 个指标，运用熵权法测度制造业工艺升级综合发展水平并进行分析，详见图 4.2。图 4.2 显示了制造业细分行业工艺升级综合发展水平及其演进趋势。根据图 4.2 可知，制造业细分行业工艺升级综合发展水平整体呈上升趋势，但存在差异。如黑色金属冶炼及压延加工业和有色金属冶炼及压延加工业的工艺升级综合发展水平从 2003 年的 0.2819 持续增加至 2009 年的 0.7093，然后逐年下降至 2014 年的 0.5255。交通运输设备制造业工艺升级综合发展水平从 2003 年的 0.1791 持续增加至 2010 年的 0.5508，在 2011 年有所降低，然后持续增加至 2014 年的 0.6542。具有类似趋势的制造业细分行业如木材加工及木、竹、藤、棕、草制品业、医药制造业、电气机械及器材制造业等。化学原料及化学制品制造业和化学纤维制造业的工艺升级综合发展水平则在 2003～2014 年呈现"下降"与"上升"波动的趋势，整体上从 2003 年的 0.1698 增加至 2014 年的 0.4026。具有类似趋势的制造业细分行业如农副食品加工业、食品制造业、饮料制造业和烟草制品业、印刷业和记录媒介的复制、造纸及纸制品业、石油加工、炼焦及核燃料加工业、橡胶和塑料制品业、金属制品业、通信设备、计算机及其他电子设备制造业等。纺织业、纺织服装服饰业、皮革毛皮羽毛（绒）及其制品业的工艺升级综合发展水平则从 2003 年的 0.0766 持续降低至 2005 年的 0.0386，然后持续增加至 2014 年的 0.0981。

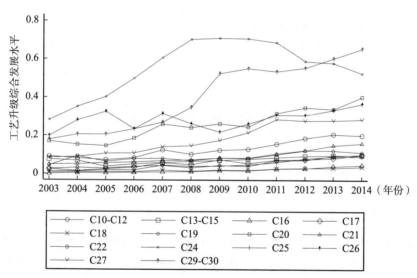

图 4.2　制造业工艺升级综合发展水平的演进趋势

4.1.1.3　中国产品升级演进趋势和现状分析

基于工艺升级和产品升级内涵及其协调发展机制的分析，依据建立评价指标体系的科学性、系统性以及数据的可获得性等原则，本节选取新产品开发项目数、新产品开发经费、新产品销售收入和发明专利申请数 4 个指标对制造业产品升级演进趋势和现状进行分析，详见图 4.3。

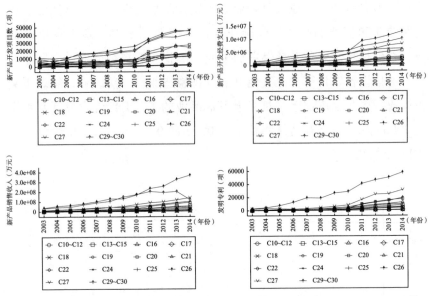

图 4.3　制造业产品升级的演进趋势

　　图 4.3 描述了考察期内制造业产品升级各项指标及其演进趋势。根据图 4.3 可知，制造业细分行业产品升级各项指标的演进趋势整体呈上升趋势，但其上升幅度存在差异。具体来看，如通信设备、计算机及其他电子设备制造业的新产品开发项目数由 2003 年的 9 881 项增加至 2014 年的 45 358 项，年均上升 14.8598%，而电气机械及器材制造业的新产品开发项目数由 2003 年的 6 812 项增加至 2014 年的 45 860 项，年均上升 18.9288%。通信设备、计算机及其他电子设备制造业的新产品开发经费支出由 2003 年的 1 558 334 万元增加至 2014 年的 13 009 281.0219 万元，年均上升 21.2778%，而电气机械及器材制造业的新产品开发经费支出由 2003 年的 665 128 万元增加至 2014 年的 8 238 680.2920 万元，年均上升 25.7069%。通信设备、计算机及其他电

子设备制造业的新产品销售收入由 2003 年的 38 639 091 万元增加至 2014 年的 368 666 117.0799 万元，年均上升 22.7595%，而电气机械及器材制造业的新产品销售收入由 2003 年的 13 324 439 万元增加至 2014 年的 139 887 374.0260 万元，年均上升 23.8312%。通信设备、计算机及其他电子设备制造业的发明专利数由 2003 年的 2 790 项增加至 2014 年的 58 088 项，年均上升 31.7838%，而电气机械及器材制造业的发明专利数由 2003 年的 2 406 项增加至 2014 年的 31 336 项，年均上升 26.2818%。

接下来，本节基于上述衡量产品升级的 4 个指标，运用熵权法测度制造业产品升级综合发展水平并进行分析，详见图 4.4。图 4.4 显示了制造业细分行业产品升级综合发展水平及其演进趋势。根据图 4.4 可知，制造业细分行业产品升级综合发展水平整体呈上升趋势，但存在差异。如农副食品加工业、食品制造业、饮料制造业和烟草制品业的产品升级综合发展水平从 2003 年的 0.0190 持续增加至 2009 年的 0.0706，在 2010 年有所降低，为 0.0697，然后持续增加至 2014 年的 0.2053。具有类似趋势的制造业行业如纺织业、纺织服装服饰业、皮革毛皮羽毛（绒）及其制品业、造纸及纸制品业、印刷业和记录媒介的复制、橡胶和塑料制品业等。木材加工及木、竹、藤、棕、草制品业的产品升级综合发展水平则在 2003～2014 年呈现"下降"与"上升"波动的趋势，整体上从 2003 年的 0.0001 增加至 2014 年的 0.0161。石油加工、炼焦及核燃料加工业的产品升级综合发展水平从 2003 年的 0.0032 持续增加至 2014 年的 0.0346。具有类似趋势的制造业行业如化学原料及化学制品制造业和化学纤维制造业、医药制造业、黑色金属冶炼及压延加工业和有色金属冶炼及压延加工业、金属制品业、通信设备、计算机及其他电子设备制造业、电气机械及器材制造业、交通运输设备制造业等。

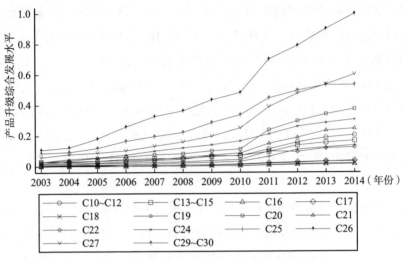

图4.4 制造业产品升级综合发展水平的演进趋势

4.1.2 中国制造业全球价值链嵌入位置的现状分析

4.1.2.1 中国制造业全球价值链嵌入位置的测算方法

借鉴汪等（Wang et al., 2017），本节首先基于增加值和最终产品生产分解方法测算基于前向联系的生产长度（上游度）和基于后向联系的生产长度（下游度）。生产长度是指部门中的初始投入价值在最终产品价值中所占的比重。然后运用基于前向联系的生产长度与基于后向联系的生产长度的比值测度全球价值链的位置指数。全球价值链的位置指数增加表明部门距离最终需求的距离（上游度）相对距离初始投入端的距离（下游度）增加，一方面说明部门向全球价值链上游移动，另一方面说明部门间的联系紧密程度增加。全球价值链位置的测算基础是跨国投入产出。因此，本节通过构建包含 G 个国家和 N 个产业的跨国投入产出表进行分析，跨国投入产出详见表4.1。

表 4.1 跨国投入产出

投入		产出								总产出
		中间使用				最终使用				
		1 国	2 国	⋯	G 国	1 国	2 国	⋯	G 国	
中间投入	1 国	Z^{11}	Z^{12}	⋯	Z^{1g}	Y^{11}	Y^{12}	⋯	Y^{1g}	X^1
	2 国	Z^{21}	Z^{22}	⋯	Z^{2g}	Y^{21}	Y^{22}	⋯	Y^{2g}	X^2
	⋮	⋮	⋮	⋱	⋮	⋮	⋮	⋱	⋮	⋮
	G 国	Z^{g1}	Z^{g2}	⋯	Z^{gg}	Y^{g1}	Y^{g2}	⋯	Y^{gg}	X^g
增加值		V^1	V^2	⋯	V^g					
总投入		$(X^1)'$	$(X^2)'$	⋯	$(X^g)'$					

基本测度框架。表 4.1 中,上标 1、2 和 g 分别表示 1 国、2 国和 G 国。Z^{12} 和 Y^{12} 分别表示 1 国产品被 2 国用作中间投入品和最终使用品的部分;V^1 和 X^1 分别表示 1 国的增加值和总产出,其余类推。Z 为 $N \times N$ 的中间投入矩阵;Y 和 X 分别为 $N \times 1$ 的最终需求矩阵(列向量)和 $N \times 1$ 的总产出矩阵(列向量);V 为 $1 \times N$ 的增加值矩阵(行向量)。上标 "'" 为转置。

根据总产出生产函数和行业平衡条件,跨国投入产出表中存在以下平衡式:

$$\begin{bmatrix} Z^{11} & Z^{12} & \cdots & Z^{1g} \\ Z^{21} & Z^{22} & \cdots & Z^{2g} \\ \vdots & \vdots & \ddots & \vdots \\ Z^{g1} & Z^{g2} & \cdots & Z^{gg} \end{bmatrix} + \begin{bmatrix} Y^{11} & Y^{12} & \cdots & Y^{1g} \\ Y^{21} & Y^{22} & \cdots & Y^{2g} \\ \vdots & \vdots & \ddots & \vdots \\ Y^{g1} & Y^{g2} & \cdots & Y^{gg} \end{bmatrix} = \begin{bmatrix} X^1 \\ X^2 \\ \vdots \\ X^g \end{bmatrix} \tag{4.1}$$

定义投入系数 $A = Z\hat{X}^{-1}$,则有:

$$\begin{bmatrix} A^{11} & A^{12} & \cdots & A^{1g} \\ A^{21} & A^{22} & \cdots & A^{2g} \\ \vdots & \vdots & \ddots & \vdots \\ A^{g1} & A^{g2} & \cdots & A^{gg} \end{bmatrix} \begin{bmatrix} X^1 \\ X^2 \\ \vdots \\ X^g \end{bmatrix} + \begin{bmatrix} Y^{11} & Y^{12} & \cdots & Y^{1g} \\ Y^{21} & Y^{22} & \cdots & Y^{2g} \\ \vdots & \vdots & \ddots & \vdots \\ Y^{g1} & Y^{g2} & \cdots & Y^{gg} \end{bmatrix} = \begin{bmatrix} X^1 \\ X^2 \\ \vdots \\ X^g \end{bmatrix} \quad (4.2)$$

根据式（4.2）可以得出经典的里昂惕夫公式：

$$\begin{bmatrix} X^1 \\ X^2 \\ \vdots \\ X^g \end{bmatrix} = \begin{bmatrix} I - A^{11} & -A^{12} & \cdots & -A^{1g} \\ -A^{21} & I - A^{22} & \cdots & -A^{2g} \\ \vdots & \vdots & \ddots & \vdots \\ -A^{g1} & -A^{g2} & \cdots & I - A^{gg} \end{bmatrix}^{-1} \begin{bmatrix} Y^{11} + Y^{12} + \cdots + Y^{1g} \\ Y^{21} + Y^{22} + \cdots + Y^{2g} \\ \vdots \\ Y^{g1} + Y^{g2} + \cdots + Y^{gg} \end{bmatrix}$$

$$(4.3)$$

其中，$\begin{bmatrix} I - A^{11} & -A^{12} & \cdots & -A^{1g} \\ -A^{21} & I - A^{22} & \cdots & -A^{2g} \\ \vdots & \vdots & \ddots & \vdots \\ -A^{g1} & -A^{g2} & \cdots & I - A^{gg} \end{bmatrix}^{-1}$ 为经典的里昂惕夫逆矩阵。

接下来，为了便于分析，本节将以 s 国为例的跨国投入产出模型进行解释。在跨国投入产出表中，s 国总产出的使用情况可以表示如下：

$$X^s = A^{ss} X^s + \sum_{r \neq s}^{G} A^{sr} X^r + Y^{ss} + \sum_{r \neq s}^{G} Y^{sr} = A^{ss} X^s + Y^{ss} + E^s \quad (4.4)$$

其中，A^{ss} 为 s 国内对 s 国的消耗系数矩阵；A^{sr} 为 r 国对 s 国的消耗系数矩阵；$E^s = \sum_{r \neq s}^{G} E^{sr}$ 为 s 国的总出口列向量，其中，E^{sr} 为 s 国向 r 国的总出口。

通过矩阵变换运算，式（4.4）变形为：

$$X^s = (I - A^{ss})^{-1} Y^{ss} + (I - A^{ss})^{-1} E^s = B^{ss} (Y^{ss} + E^s) \quad (4.5)$$

其中，$B^{ss} = (I - A^{ss})^{-1}$。

基于增加值分解。在基本测度框架的基础上，本节根据汪等（Wang et al.，2017）的基于增加值分解方法可得：

$$V\_GVC^s = \hat{V}^s B^{ss} \sum_{r \neq s} A^{sr} \sum_{u}^{G} (B^{ru} \sum_{t}^{G} Y^{ut})$$

$$= \underbrace{\hat{V}^s B^{ss} \sum_{r \neq s} A^{sr} L^{rr} Y^{rr}}_{(4-a) : V\_GVC\_R} + \underbrace{\hat{V}^s B^{ss} \sum_{r \neq s} A^{sr} \sum_{u}^{G} (B^{ru} Y^{us})}_{(4-b) : V\_GVC\_D} +$$

$$\underbrace{\hat{V}^s B^{ss} \sum_{r \neq s} A^{sr} \sum_{u}^{G} (B^{ru} \sum_{t \neq s}^{G} Y^{ut}) - \hat{V}^s B^{ss} \sum_{r \neq s} A^{sr} B^{rr} Y^{rr}}_{(4-c) : V\_GVC\_F} \quad (4.6)$$

（4.6）式中的（4-a）部分：$\hat{V}^s B^{ss} \sum_{r \neq s} A^{sr} L^{rr} Y^{rr}$ 为直接被 r 国吸收的隐含在中间产品出口中的增加值，用 V_GVC_R 表示。V_GVC_R 具体指 r 国利用进口的 s 国中间品生产仅满足 r 国最终需求的产品，未对第三方国家进行间接出口和出口返回活动。（4-b）部分：$\hat{V}^s B^{ss} \sum_{r \neq s} A^{sr} \sum_{u}^{G} (B^{ru} Y^{us})$ 为返回且被 s 国吸收的国内增加值，用 V_GVC_D 表示。V_GVC_D 具体指 r 国利用进口的 s 国中间品生产最终产品或加工成其他中间品，最后直接或通过全球价值链上的其他国家间接返回到 s 国并被最终需求吸收。该增加值涉及至少两次跨境增加值贸易，反映深层次复杂的全球价值链前向参与形式。（4-c）部分：$[\hat{V}^s B^{ss} \sum_{r \neq s} A^{sr} \sum_{u}^{G} (B^{ru} \sum_{t \neq s}^{G} Y^{ut}) - \hat{V}^s B^{ss} \sum_{r \neq s} A^{sr} B^{rr} Y^{rr}]$ 为间接被 r 国吸收或重新出口到第三方国家的增加值，用 V_GVC_F 表示。V_GVC_F 具体指 r 国利用进口的 s 国中间品生产最终产品或加工成其他中间品，然后出口到 t 国用于消费或由其生产最终产品并对其他国家出口。

s 国的增加值引致的国内总产出（加权的生产阶段数）的分解形式如下：

$$Xvd\_GVC^s = \hat{V}^s B^{ss} B^{ss} \sum_{r \neq s} A^{sr} \sum_{u}^{G} B^{ru} \sum_{t}^{G} Y^{ut}$$

$$= \underbrace{\hat{V}^s B^{ss} B^{ss} \sum_{r \neq s} A^{sr} L^{rr} Y^{rr}}_{(4-d) : Xvd\_GVC\_R} + \underbrace{\hat{V}^s B^{ss} B^{ss} \sum_{r \neq s} A^{sr} \sum_{u}^{G} (B^{ru} Y^{us})}_{(4-e) : Xvd\_GVC\_D} +$$

$$\underbrace{\hat{V}^s B^{ss} B^{ss} \sum_{r \neq s} A^{sr} \sum_{u}^{G} B^{ru} \sum_{t \neq s}^{G} Y^{ut} - \hat{V}^s B^{ss} B^{ss} \sum_{r \neq s} A^{sr} B^{rr} Y^{rr}}_{(4-f) : Xvd\_GVC\_F} \quad (4.7)$$

s 国的增加值引致的国外总产出（加权的生产阶段数）的分解形式如下：

$$Xvi\_GVC^s = \underbrace{\hat{V}^s B^{ss} \sum_{r \neq s} A^{sr} B^{rr} B^{rr} Y^{rr}}_{(4-g):Xvi\_GVC\_R} + \underbrace{\hat{V}^s B^{ss} \sum_{r \neq s} A^{sr} \sum_{v}^{G} B^{rv} \sum_{u}^{G} (B^{vu} Y^{us})}_{(4-h):Xvi\_GVC\_D} +$$

$$\underbrace{\hat{V}^s B^{ss} \sum_{r \neq s} A^{sr} \left(\sum_{v}^{G} B^{rv} \sum_{u}^{G} B^{vu} \sum_{t \neq s}^{G} Y^{ut} - B^{ss} B^{ss} Y^{rr} \right)}_{(4-i):Xvi\_GVC\_F} \qquad (4.8)$$

基于最终产品生产分解。同理，本文根据汪等（Wang et al.，2017）的基于最终产品生产分解方法可得：

$$Y\_GVC^s = \sum_{r}^{G} V^r \sum_{u \neq r}^{G} B^{ru} A^{us} B^{ss} \sum_{t}^{G} \hat{Y}^{st}$$

$$= \underbrace{\sum_{r \neq s}^{G} V^r B^{rr} A^{rs} B^{ss} \hat{Y}^{ss}}_{(4-j):Y\_GVC\_R} + \underbrace{V^s \sum_{s \neq r}^{G} B^{sr} A^{sr} B^{ss} \sum_{t}^{G} \hat{Y}^{st}}_{(4-k):Y\_GVC\_D} +$$

$$\underbrace{\sum_{r \neq s}^{G} V^r \left(\sum_{u \neq r}^{G} B^{ru} A^{us} B^{ss} \sum_{t}^{G} \hat{Y}^{st} - B^{rr} A^{rs} B^{ss} \hat{Y}^{ss} \right)}_{(4-l):Y\_GVC\_F} \qquad (4.9)$$

其中，$\sum_{r}^{G} V^r \sum_{u \neq r}^{G} B^{ru} A^{us} B^{ss} \sum_{t}^{G} \hat{Y}^{st}$ 为隐含在中间产品出口中的国内增加值，用 Y_GVC 表示。（4.9）式中的 $(4-j)$ 部分：$\sum_{r \neq s}^{G} V^r B^{rr} A^{rs} B^{ss} \hat{Y}^{ss}$ 为直接被 r 国吸收的隐含在中间产品出口中的增加值，用 Y_GVC_R 表示。$(4-k)$ 部分：$V^s \sum_{s \neq r}^{G} B^{sr} A^{sr} B^{ss} \sum_{t}^{G} \hat{Y}^{st}$ 为返回且被 s 国吸收的国内增加值，用 Y_GVC_D 表示。$(4-l)$ 部分：$\sum_{r \neq s}^{G} V^r \left(\sum_{u \neq r}^{G} B^{ru} A^{us} B^{ss} \sum_{t}^{G} \hat{Y}^{st} - B^{rr} A^{rs} B^{ss} \hat{Y}^{ss} \right)$ 为间接被 r 国吸收或重新出口到第三方国家的增加值，用 Y_GVC_F 表示。

s 国的最终产品生产引致的国内总产出（加权的生产阶段数）的分解形式如下：

$$Xyd\_GVC^s = \sum_r^G V^r \sum_{u \neq s}^G B^{ru} A^{us} B^{ss} B^{ss} \sum_v^G \hat{Y}^{sv}$$

$$= \underbrace{\sum_{r \neq s}^G V^r B^{rr} A^{rs} B^{ss} B^{ss} \hat{Y}^{ss}}_{(4-m):Xyd\_GVC\_R} + \underbrace{V^s \sum_{u \neq s}^G B^{su} A^{us} B^{ss} B^{ss} \sum_v^G \hat{Y}^{sv}}_{(4-n):Xyd\_GVC\_D} +$$

$$\underbrace{\sum_{r \neq s}^G V^r \left(\sum_{u \neq s}^G B^{ru} A^{us} B^{ss} B^{ss} \sum_v^G \hat{Y}^{sv} - B^{rr} A^{rs} B^{ss} B^{ss} \hat{Y}^{ss} \right)}_{(4-o):Xyd\_GVC\_F}$$

$$(4.10)$$

s 国的最终产品生产引致的国外总产出（加权的生产阶段数）的分解形式如下：

$$Xyi\_GVC^s = \sum_r^G V^r \sum_u^G B^{ru} \sum_{t \neq s}^G B^{ut} A^{ts} B^{ss} \sum_v^G \hat{Y}^{sv}$$

$$= \underbrace{\sum_{r \neq s}^G V^r B^{rr} B^{rr} A^{rs} B^{ss} \hat{Y}^{ss}}_{(4-p):Xyi\_GVC\_R} + \underbrace{V^s \sum_v^G B^{sv} \sum_{u \neq s}^G B^{vu} A^{us} B^{ss} \sum_v^G \hat{Y}^{sv}}_{(4-q):Xyi\_GVC\_D} +$$

$$\underbrace{\sum_{r \neq s}^G V^r \left(\sum_v^G B^{rv} \sum_{u \neq s}^G B^{vu} A^{us} B^{ss} \sum_v^G \hat{Y}^{sv} - B^{rr} B^{rr} A^{rs} B^{ss} \hat{Y}^{ss} \right)}_{(4-r):Xyi\_GVC\_F}$$

$$(4.11)$$

因此，根据以上分解方法，前向联系的生产长度和后向联系的生产长度分别表示如下：

$$PLv\_GVC = PLyd\_GVC + PLvi\_GVC = \frac{Xvd\_GVC}{V\_GVC} + \frac{Xvi\_GVC}{V\_GVC} = \frac{Xv\_GVC}{V\_GVC}$$

$$(4.12)$$

$$PLy\_GVC = PLyd\_GVC + PLyi\_GVC = \frac{Xyd\_GVC}{Y\_GVC} + \frac{Xyi\_GVC}{Y\_GVC} = \frac{Xy\_GVC}{Y\_GVC}$$

$$(4.13)$$

同时，根据前向联系的生产长度和后向联系的生产长度的比值衡量全球价值链嵌入位置，全球价值链的位置指数如下：

$$GVCL = \frac{PLv\_GVC}{[PLy\_GVC]'}$$

$$(4.14)$$

4.1.2.2 中国制造业全球价值链嵌入位置分析

基于上述全球价值链位置的测算方法，采用世界投入产出数据库测度 2003~2014 年中国制造业全球价值链嵌入位置，其演变情况详见图 4.5 和图 4.6。

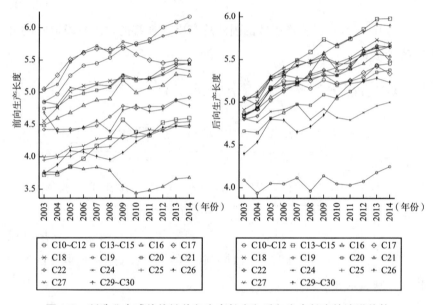

图 4.5 制造业全球价值链前向生产长度和后向生产长度的演进趋势

图 4.5 描述了考察期内制造业前向联系的生产长度和后向联系的生产长度及其演进趋势。根据图 4.5 可知，制造业前向联系的生产长度和后向联系的生产长度及其演进趋势存在差异。具体来看，考察期内制造业前向联系的生产长度和后向联系的生产长度存在差异。如农副食品加工业、食品制造业、饮料制造业和烟草制品业的前向联系的生产长度位于 4.8500~6.1724；纺织业、纺织服装服饰业、皮革毛皮羽毛（绒）及其制品业的前向联系的生产长度位于 3.7233~4.6019；造纸及纸制品

业的前向联系的生产长度位于5.0485~5.7137。金属制品业的后向联系的生产长度位于5.0186~5.6542；通信设备、计算机及其他电子设备制造业的后向联系的生产长度位于4.3963~5.2813。从演进趋势来看，农副食品加工业、食品制造业、饮料制造业和烟草制品业的前向联系的生产长度呈持续上升趋势，从2003年的4.8500持续增加到2014年的6.1724，而其他制造业细分行业的则具有波动上升趋势，如纺织业、纺织服装服饰、皮革毛皮羽毛（绒）及其制品业的前向联系的生产长度从2003年持续增加至2009年的4.5747，然后持续下降至2011年的4.3362，最后持续上升至2014年的4.6018。电气机械及器材制造业的后向联系的生产长度呈持续上升趋势，从2003年的4.8465持续增加到2014年的5.6550，而其他制造业细分行业的则具有波动上升趋势，如农副食品加工业、食品制造业、饮料制造业和烟草制品业的后向联系的生产长度从2003年的5.0453下降至2004年的4.9703，然后持续增加至2007年的5.2259，接着下降至2008年的5.1602，然后上升至2009年的5.2627，最后从2010年的5.2026持续增加至2014年的5.4515。

接下来，本节运用前向联系的生产长度和后向联系的生产长度测度全球价值链的位置指数，详见图4.6。图4.6描述了考察期内制造业全球价值链位置指数及其演进趋势。根据图4.6可知，制造业全球价值链的位置指数及其演进趋势存在差异。具体来看，考察期内大部分中低技术制造业全球价值链的位置指数位于1以上，如农副食品加工业、食品制造业、饮料制造业和烟草制品业、造纸及纸制品业、石油加工、炼焦及核燃料加工业、黑色金属冶炼及压延加工业和有色金属冶炼及压延加工业等，表明中低技术制造业已深度融入全球价值链，并存在向全球价值链中高端攀升的趋势，同时也表明中国产业存在"高端产业低端化"的特征。考察期内大部分高技术制造业全球价值链的位置指数位于1以下，如医药制造业、通信设备、计算机及其他电子设备制造业、电气机械及器材制造业、交通运输设备制造业等，表明高技术制造业在全球价值链中依然以低附加值活动为主，这也从侧面印证了中国产业存在"高技术不高"的现象。从发展趋势来看，考察期大部分中低技术制造业全球价值链的位置指数整体上呈上升趋势，如农副食品加工业、食品制造业、饮料制造业和烟草制品业的全球价值链的位置指数从2003年的0.9613增加至2014年的1.1323。具有类似趋势的制造业细分行业如纺织业、纺织服装服饰业、皮革毛皮羽毛（绒）及其制品业、木材加工及木、竹、藤、棕、草制品业、印刷业和记录媒介的复制、石油加工、炼焦及核燃料加工业、黑色金属冶炼及压延加工业、有色金属冶炼及压延加工业、金属制品业等。考察期内大部分高技术制造业全球价值链的位置指数整体上呈下降趋势，如医药制造业的全球价值链的位置指数从2003年的0.7453下降至2014年的0.6644。具有类似趋势的制造业细分行业如化学原料及化学制品制造业、化学纤维制造业、电气机械及器材制造业、交通运输设备制造业等。

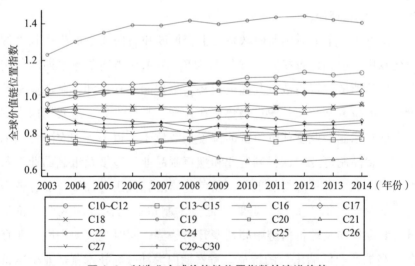

图4.6 制造业全球价值链位置指数的演进趋势

4.2 全球价值链嵌入影响中国产业升级的经验研究

4.2.1 模型构建、变量测度与数据说明

4.2.1.1 模型构建

根据前文理论分析可知，全球价值链嵌入影响产业升级。为了考察上述影响，本节设定如下模型：

$$TPSJ_{it} = \alpha + \beta_1 GVCL_{it} + \sum_{j=2}^{8} \beta_j CON_{it} + \mu_i + \nu_t + \varepsilon_{it} \quad (4.15)$$

其中，i 表示行业；t 表示年份。$TPSJ$ 表示工艺升级（TSJ）或产品升级（PSJ）变量；$GVCL$ 为全球价值链嵌入位置；CON 为影响工艺升级与产品升级的控制变量，包括物质资本存量（TPC）、劳动力（TPL）、技术进步（TFP）、企业规模（TIS）、所有制结构（TOS）、企业绩效（TEP）和技术密集度（TTI）。α 为常数项；β 为变量的估计系数。此外，μ 为个体效应；ν 为时间效应；ε 为随机干扰项。

4.2.1.2 变量测度

被解释变量。被解释变量包括工艺升级和产品升级。其中，工艺升级（TSJ），依据建立评价指标体系的科学性、系统性以及数据的可获得性等原则，本节选取技术改造经费支出、技术引进经费支出、消化吸收经费支出、研究与试验发展内部经费支出和劳动生产率5个指标。为避免主观人为因素影响，本节选择基于客观环境计算指标权重的熵值赋权法确定各指标权重（唐晓华等，2018），运用熵权法测度制造业工艺升级综合发展水平。选取上述指标衡量工艺升级的原因在于，工艺升级

主要反映的是企业在生产过程中，借助新技术改造传统低端生产工艺流程，全面提高经济活动的效益；通过引进的生产技术快速提升生产工艺流程水平，推动制造业生产方式变革；通过提升消化吸收能力迅速掌握新技术，实现人力资源的高效率生产，从而促进生产活动质量和效率的提升。其中，技术改造经费支出体现了企业为了提升生产效率，促进技术进步，通过投入经费的方式在工艺等领域进行改造，从而促进技术升级。引进技术经费支出体现了企业用于购买国外、港澳台或境内其他单位技术而支出的经费，如工艺流程等技术资料的经费支出。消化吸收经费支出体现了企业为了引进技术的掌握、应用、复制，以及在此基础上的创新而投入的经费支出，如人力资源掌握工艺的开发费用、必备的配套设备费等费用的支出。研究与试验发展经费内部支出则反映了企业用于内部开展研究与试验活动的费用支出，包括直接支出和管理费、服务费、基本建设支出等间接支出。劳动生产率体现了企业进行工艺升级的结果。需要说明的是，上述指标的属性均为正向，即上述指标数值增加表示工艺升级。相关数据来自《工业企业科技活动统计年鉴》和国家统计局网站。需要说明的是，技术引进经费支出包括国外技术引进经费支出和购买国内技术经费支出，用固定资产投资价格指数平减（吴延兵，2006）；研究与试验发展内部经费支出用朱平芳和徐伟民（2003）构造的研究与试验发展支出价格指数（居民消费价格指数和固定资产投资价格指数的加权平均值，权重分别为 0.55 和 0.45）平减；劳动生产率定义为工业增加值和全部从业人员年平均人数的比值，其中工业增加值用工业生产者出厂价格指数平减。

产品升级（PSJ），依据建立评价指标体系的科学性、系统性以及数据的可获得性等原则，本节选取新产品开发项目数、新产品开发经费、新产品销售收入和发明专利申请数 4 个指标。为避免主观人为因素影响，本节选择基于客观环境计算指标权重的熵值赋权法确定各指标权重（唐晓华等，2018），运用熵权法测度制造业产品升级综合发展水平。选取上述指标衡量产品升级的原因在于，产品升级主要反映的是企业在产品研发方面能够提升创造新产品的能力，以及在生产方面能够生产质量高和技术复杂的产品，从而提高产品质量及其附加值。其中，新产品开发项目数及其开发经费支出均反映了新产品的研发投入，同时新产品开发经费也反映了企业更新产品的能力。新产品销售收入反映了企业产品升级后在产品研发和生产方面的产出，产品升级的体现如生产全新产品，或在材质等方面具有明显改进。发明专利申请数是企业取得的产品研发成果，包括创造新产品和改造现有产品所取得的成果。需要说明的是，上述指标的属性均为正向，即上述指标数值增加表示产品升级。相关数据来自《工业企业科技活动统计年鉴》和国家统计局网站。其中，新产品开发经费用研究与试验发展支出价格指数（朱平芳和徐伟民，2003）平减；新产品销售收入用工业生产者出厂价格指数平减。

核心解释变量。全球价值链嵌入位置（GVC），用全球价值链的位置指数衡量。借鉴汪等（Wang et al.，2017），本节首先基于增加值和最终产品生产分解方法测算基于前向联系的生产长度（上游度）和基于后向联系的生产长度（下游度）。生产长度是指部门中的初始投入价值在最终产品价值中所占的比重。然后，运用基于前向联系的生产长度与基于后向联系的生产长度的比值测度全球价值链的位置指数。全球价值链的位置指数增加表明部门距离最终需求的距离（上游度）相对距离初始投入端的距离（下游度）增加，一方面说明部门向全球价值链上游移动；另一方面说明部门间的联系紧密程度增加。相关数据基于世界投入产出数据库中的投入产出表测度。

控制变量。控制变量包括要素禀赋和行业特征。其中，要素禀赋包括物质资本存量、劳动力和技术进步。物质资本存量（TPC），本节采用固定资产净值表示。需要说明的是，物质资本存量的估算方法主要包括两种，一种是运用永续盘存法进行估算（张杰，2019）；另一种是用固定资产净值年平均余额或固定资产净值近似表征物质资本存量（李小平等，2008）。本节借鉴刘冬冬等（2017）的做法，运用固定资产净值近似表征物质资本存量，且使用固定资产投资价格指数进行平减。其中，固定资产净值的数据来自《中国工业统计年鉴》或《中国工业经济统计年鉴》，固定资产投资价格指数的数据来自《中国统计年鉴》。劳动力（*TPL*），用全部从业人员年平均人数表示。技术进步（*TFP*），根据现有研究，本节用全要素生产率（*Total factor productivity*，*TFP*）表示技术进步。通过梳理现有文献可知，测量 *TFP* 的主要方法有 7 种，包括 *DEA*、*SFA*、*OLS*、*IN*、系统 *GMM*、*OP*、*LP*。通过对各种方法的优缺点进行对比分析可知，*DEA* 方法可以较好地反映截面生产技术的异质性。同时，结合研究内容，本节选用 *DEA* 方法测算 *TFP*。*TFP* 的本质是距离函数，距离函数包括输入型和输出型两种。输入型的距离函数是指在不改变输出量的情况下输入量成比例减少的情形；输出型的距离函数是指在不改变输入量的情况下输出量成比例减少的情形。本节基于 *CCR* 模型输入型的距离函数进行测算。投入和产出的数据说明如下所示：产出变量为工业销售产值。本节以 2003 年为基期，用工业生产者出厂价格指数对工业销售产值进行平减。原始数据来自《中国工业统计年鉴》。投入变量为劳动和物质资本存量。劳动力用全部从业人员年平均人数表示。物质资本存量用固定资产净值表示。原始数据来自《中国工业统计年鉴》。

行业特征包括企业规模（*TIS*）、所有制结构（*TOS*）、企业绩效（*TEP*）和技术密集度（*TTI*）等（吴延兵，2006；黄凌云等，2018）。其中，企业规模，用工业销售产值与企业数的比值表示；所有制结构，用国家资本占实收资本比重表示；企业绩效，用利润总额占工业销售产值比重表示。技术密集度，用固定资产净值占工业销售产值比重表示。相关数据来自《中国工业统计年鉴》或《中国工业经济统计年鉴》。

4.2.1.3 数据说明

本节采用 2003～2014 年中国制造业年度数据，数据主要来自世界投入产出数据库、《中国统计年鉴》《工业企业科技活动统计年鉴》《中国工业统计年鉴》和国家统计局网站。考虑到数据的可获得性（除 2003～2014 年外，其他年份的数据严重缺失）和统计口径的一致性

（国家统计局在 2003～2011 年执行国民经济行业分类 2002 年标准，而从 2012 年起执行国民经济行业分类 2011 年标准。），本节将 2003～2011 年的"塑料制品业"和"橡胶制品业"合并为"橡胶和塑料制品业"；将 2012～2014 年"汽车制造业"和"铁路、航空、航天和其他运输设备制造业"合并为"交通运输设备制造业"；将"农副食品加工业""食品制造业""饮料制造业"和"烟草制品业"合并；将"纺织业""纺织服装服饰业"和"皮革毛皮羽毛（绒）及其制品业"合并；将"化学原料及化学制品制造业"和"化学纤维制造业"合并；将"黑色金属冶炼及压延加工业"和"有色金属冶炼及压延加工业"合并；不考虑 2003～2011 年的"工艺品及其他制造业"和 2012～2014 年的"其他制造业""废弃资料综合利用业"和"金属制品、机械和设备修理业"，共计 14 个制造业细分行业。为了方便统计，本节按照世界投入产出数据库中的行业代码表示具体行业，其中，C10～C12 表示农副食品加工业、食品制造业、饮料制造业、烟草制品业；C13～C15 表示纺织业、纺织服装服饰业、皮革毛皮羽毛（绒）及其制品业；C16 表示木材加工及木、竹、藤、棕、草制品业；C17 表示造纸及纸制品业；C18 表示印刷业和记录媒介的复制；C19 表示石油加工、炼焦及核燃料加工业；C20 表示化学原料及化学制品制造业、化学纤维制造业；C21 表示医药制造业；C22 表示橡胶和塑料制品业；C24 表示黑色金属冶炼及压延加工业、有色金属冶炼及压延加工业；C25 表示金属制品业；C26 表示通信设备、计算机及其他电子设备制造业；C27 表示电气机械及器材制造业；C29～C30 表示交通运输设备制造业。

4.2.2 计量结果与分析

4.2.2.1 基准回归结果

表 4.2 显示了可行广义最小二乘法估计的全球价值链嵌入位置影响

制造业工艺升级与产品升级的基准回归结果，研究发现，全球价值链嵌入位置对制造业工艺升级和产品升级的影响具有明显的差异。首先，通过表4.2中的第（1）~（3）列的回归结果可知，全球价值链嵌入位置的提升有助于制造业工艺升级。具体来看，第（1）列和第（2）列分别是未加入控制变量和加入要素禀赋控制变量的回归结果，而第（3）列是加入要素禀赋和行业特征控制变量的回归结果。通过对比第（1）列、第（2）列和第（3）列的回归结果，表明变量间不存在严重的多重共线性。通过组间异方差检验、组内自相关检验和组间同期相关检验可知，存在组间异方差、组内自相关和组间同期相关，表明运用可行广义最小二乘法的估计效率较高。其次，通过表4.2中的第（4）~（6）列的回归结果可知，全球价值链嵌入位置的提升不利于制造业产品升级。具体来看，第（4）列和第（5）列分别是未加入控制变量和加入要素禀赋控制变量的回归结果，而第（6）列是加入要素禀赋和行业特征控制变量的回归结果。通过对比第（4）列、第（5）列和第（6）列的回归结果，表明变量间不存在严重的多重共线性。通过组间异方差检验、组内自相关检验和组间同期相关检验可知，存在组间异方差、组内自相关和组间同期相关，表明运用可行广义最小二乘法的估计效率较高。综上可知，全球价值链嵌入位置影响制造业工艺升级和产品升级存在差异，原因在于存在差异的原因：全球价值链嵌入位置的提升，表明行业到最终需求端的加权平均距离越长，到初始投入端的加权平均距离越短，该行业全球价值链上游移动，偏向于从事研发设计等全球价值链活动，从而促进工艺升级；由于企业的资源是有限的，可能忽视了对产品的改造，或者具有较低的科技成果转化能力，从而抑制产品升级。《2018年中国专利调查报告》显示，中国有效发明专利的实施率和产业化率分别为48.6%和32.3%，而发达国家专利的转化率为80%左右。并且，党的十九大报告特别强调，深化科技体制改革，建立以企业为主体、市场为导向、产学研深度融合的技术创新体系，加强对中小企业创新的支持，促进科技成果转化。

表 4.2　　　　　　　　　　　　　　基准回归结果

变量	TSJ			PSJ		
	(1)	(2)	(3)	(4)	(5)	(6)
GVCL	0.1491 *** (0.0202)	0.1318 *** (0.0300)	0.2031 *** (0.0394)	− 0.0861 ** (0.0361)	− 0.3207 * (0.1829)	− 0.6843 *** (0.1456)
TPC		0.1886 *** (0.0068)	0.1524 *** (0.0100)		0.1590 * (0.0881)	0.4146 *** (0.0618)
TPL		− 0.0189 * (0.0114)	− 0.0246 ** (0.0112)		0.6830 *** (0.0964)	0.4678 *** (0.0572)
TFP		0.0731 *** (0.0026)	0.0674 *** (0.0139)		0.5858 *** (0.0575)	− 0.1653 *** (0.0600)
TIS			0.0677 *** (0.0130)			− 0.1769 *** (0.0537)
TOS			0.0241 (0.0200)			− 0.0172 (0.0590)
TEP			0.0619 (0.0476)			2.5481 *** (0.1941)
TTI			− 0.0059 (0.0680)			− 5.0484 *** (0.3927)
CONSTANT	− 23.3004 *** (1.1473)	25.9798 *** (2.1319)	28.1386 *** (2.0199)	− 508.2297 *** (5.6465)	− 284.3346 *** (20.9245)	− 294.6776 *** (11.4688)
Wald-chi2	972.73 ***	9 917.07 ***	3 941.11 ***	244 045.59 ***	16 434.64 ***	95 763.70 ***
行业效应	控制	控制	控制	控制	控制	控制
年份效应	控制	控制	控制	控制	控制	控制
组间异方差 检验统计量			2 446.96 ***			1 777.79 ***
组内自相关 检验统计量			13.452 ***			78.574 ***
组间同期相关 检验统计量			3.220 ***			5.365 ***
N	168	168	168	168	168	168

注：括号内为标准误，*** p < 0.01，** p < 0.05，* p < 0.1。

控制变量中，从表 4 – 2 第（3）列和第（6）列的回归结果可知，物质资本存量（TPC）对制造业工艺升级和产品升级具有显著正向影响，表明物质资本有助于制造业工艺升级和产品升级；劳动力（TPL）对制造业工艺升级和产品升级分别具有显著负向影响和显著正向影响，表明劳动力对制造业工艺升级存在抑制作用，但对制造业产品升级具有促进作用；技术进步（TPL）和企业规模（TIS）均对制造业工艺升级和产品升级分别具有显著正向影响和显著负向影响，表明技术进步和企业规模均对制造业工艺升级存在促进作用，但对制造业产品升级具有抑制作用；所有制结构（TOS）对制造业工艺升级和产品升级的影响均不显著；企业绩效（TEP）对制造业工艺升级和产品升级的影响均为正，但对制造业工艺升级的影响不显著；技术密集度（TTI）对制造业工艺升级和产品升级的影响均为负，但对制造业工艺升级的影响不显著。

4.2.2.2　稳健性检验

（1）测量误差的检验。考虑到在测算工艺升级与产品升级综合发展水平的过程中，采用不同的标准化方法会导致结果存在差异。因此，本节运用线性比例变换法和向量归一法重新测算中国制造业工艺升级与产品升级综合发展水平，以进一步验证本文结果的稳健性，检验结果见表4.3中的第（1）～（4）列。其中，第（1）列和第（3）列采用的是线性比例变换法将不同量纲变为无量纲的标准化，第（2）列和第（4）列则运用了向量归一法。检验结果均显示，全球价值链嵌入位置对中国制造业工艺升级具有显著正向影响，而对中国制造业工艺升级具有显著负向影响，这说明了本节的结果具有稳健性。

（2）内生性问题分析。本节运用面板数据进行模型估计，在一定程度上解决个体异质性问题，但本节使用的全球价值链嵌入位置变量可能存在内生性，主要原因在于，一方面全球价值链嵌入位置较高的行业往往能够影响工艺升级与产品升级；另一方面工艺升级和产品升级综合发展水平较高的行业，可能会位于全球价值链附加值较高的环节。如果上述逆向因果关系导致了内生性，那么本节得到的研究结论将是有偏的，需要使用工具变量法进行估计。为此，本节首先运用 *Hausman* 检验进行内生性检验。由于滞后一期的变量往往与内生变量具有较强的相关性，但与误差项并没有显著相关性，因此本节选择全球价值链嵌入位置的滞后一期作为工具变量进行 *Hausman* 检验。*Hausman* 检验结果表明，在产品升级的过程中，全球价值链嵌入位置可能存在内生性，而在工艺升级的过程中不存在内生性。然后，本节对全球价值链嵌入位置影响制造业产品升级的模型使用二阶段最小二乘法（2*SLS*）进行估计，2*SLS* 估计结果报告在表4.3中的第（5）列。第（5）列的回归结果显示，在控制内生性之后，全球价值链嵌入位置对中国制造业产品升级具有显著负向影响，与基准回归结果的正负性和显著性相同。

表4.3 稳健性检验结果

变量	TSJ		PSJ		
	（1）	（2）	（3）	（4）	（5）
GVCL	0.1803 *** (0.0443)	0.0616 *** (0.0102)	− 0.2795 ** (0.1277)	− 0.3549 ** (0.1446)	− 3.9171 *** (0.3107)
TPC	0.1595 *** (0.0114)	0.0484 *** (0.0025)	0.5119 *** (0.0455)	0.4748 *** (0.0626)	1.3340 *** (0.1592)
TPL	− 0.0174 (0.0134)	− 0.0041 (0.0036)	0.3216 *** (0.0351)	0.2902 *** (0.0579)	− 0.3727 ** (0.1531)
TFP	0.0525 *** (0.0148)	0.0187 *** (0.0033)	0.0336 (0.0575)	0.0892 (0.0623)	0.0063 (0.2276)
TIS	0.0649 *** (0.0139)	0.0201 *** (0.0032)	− 0.1005 * (0.0539)	− 0.1668 *** (0.0467)	0.4656 *** (0.1253)
TOS	0.0218 (0.0240)	0.0075 (0.0048)	0.0079 (0.0827)	− 0.0231 (0.0977)	− 2.7360 *** (0.4475)

变量	TSJ		PSJ		
	（1）	（2）	（3）	（4）	（5）
TEP	0.0913 * （0.0555）	0.0365 *** （0.0120）	0.6635 ** （0.2639）	0.3387 （0.3165）	5.0542 *** （1.1468）
TTI	− 0.0841 （0.0739）	− 0.0174 （0.0166）	− 2.3957 *** （0.2397）	− 2.1260 *** （0.3613）	− 5.5883 *** （1.0832）
CONSTANT	30.8915 *** （2.3101）	9.7805 *** （0.5271）	− 258.2665 *** （14.3612）	0.0000 （0.0000）	− 7.3265 *** （0.4512）
Wald-chi2	2 771.38 ***	5 744.44 ***	37 037.18 ***	313 330.65 ***	2 926.59 ***
行业效应	控制	控制	控制	控制	不控制
年份效应	控制	控制	控制	控制	不控制
N	168	168	168	168	154

注：括号内为标准误，*** p < 0.01，** p < 0.05，* p < 0.1。

4.2.2.3 异质性分析

前文分析了全球价值链嵌入位置对中国制造业工艺升级与产品升级的影响，尚未区分阶段性以及不同特征行业的影响。接下来，本节将对上述影响进行深入分析。

第一，阶段性影响。考虑到受 2008 年全球金融危机的影响，中国对重点产业结构进行了调整（江飞涛和李晓萍，2018），而且其制造业在全球价值链中的嵌入位置变化较大，可能影响全球价值链嵌入位置对制造业工艺升级与产品升级的影响，为此本节以 2008 年为界，考察 2003～2008 年和 2009～2014 年两个时间阶段内两者的关系，回归结果见表 4.4 中的第（1）～（2）列、第（6）～（7）列。根据回归结果可知，全球价值链嵌入位置对制造业工艺升级与产品升级的影响具有阶段性特征，且存在差异。在 2003～2008 年，全球价值链嵌入位置对制造业

表4.4

异质性回归结果

变量	TSJ					PSJ				
	2003~2008年	2009~2014年	金融危机	中低技术	高技术	2003~2008年	2009~2014年	金融危机	中低技术	高技术
	(1)	(2)	(3)	(4)	(5)	(6)	(7)	(8)	(9)	(10)
$GVCL$	-0.6749*** (0.1962)	0.2251 (0.1904)	0.2273*** (0.0295)	0.1284*** (0.0268)	-0.0719 (0.2192)	0.5770 (1.3228)	-0.1944 (1.2875)	-0.8235*** (0.1812)	-0.7636*** (0.1272)	0.4156 (0.5267)
GFC			0.0129*** (0.0040)					0.0584** (0.0240)		
$GVCL \times GFC$			-0.0671*** (0.0107)					0.3821*** (0.0895)		
TPC	0.1650* (0.0967)	-0.0201 (0.0421)	0.1902*** (0.0153)	0.1089*** (0.0073)	0.3528*** (0.0805)	0.5950* (0.3613)	0.0942 (0.1704)	0.4802*** (0.0763)	0.1044 (0.0672)	0.3705** (0.1749)
TPL	-0.0995 (0.0837)	0.0730* (0.0410)	-0.0406*** (0.0119)	-0.0942*** (0.0074)	-0.1168** (0.0526)	0.4790 (0.3133)	0.4914 (0.3353)	0.5062*** (0.0774)	1.3541*** (0.0776)	0.4578*** (0.0905)
TFP	0.1144 (0.0979)	0.0245 (0.0317)	0.0849*** (0.0148)	-0.0086 (0.0082)	0.2548*** (0.0727)	-0.0176 (0.4866)	-0.0965 (0.2701)	-0.2962*** (0.0735)	0.0094 (0.0834)	-0.1084 (0.1668)
TIS	-0.0229 (0.0697)	0.0666 (0.0656)	0.0483*** (0.0138)	0.0126* (0.0071)	-0.1782** (0.0843)	-0.0536 (0.3394)	-1.1915* (0.6332)	-0.0797 (0.0820)	0.7382*** (0.0733)	-0.4078 (0.2999)

续表

变量	TSJ					PSJ				
	2003~2008年	2009~2014年	金融危机	中低技术	高技术	2003~2008年	2009~2014年	金融危机	中低技术	高技术
	(1)	(2)	(3)	(4)	(5)	(6)	(7)	(8)	(9)	(10)
TOS	0.1204 (0.1433)	0.1795** (0.0799)	0.0262 (0.0206)	-0.1285*** (0.0124)	0.3466** (0.1403)	-0.0449 (0.8652)	-0.7974** (0.3645)	0.0701 (0.0736)	0.5884*** (0.0832)	-0.4925 (0.3324)
TEP	1.0625* (0.5676)	0.0927 (0.3661)	-0.0773 (0.0791)	0.0583* (0.0332)	0.8020* (0.4447)	2.6957 (2.1256)	-1.9706 (1.7981)	1.4112*** (0.2854)	2.7222*** (0.2200)	-5.2954*** (1.5191)
TTI	0.5723* (0.3315)	0.0065 (0.2659)	0.1894* (0.0993)	-0.2859*** (0.0598)	0.0033 (0.3765)	-7.4014*** (2.1829)	-2.6971 (1.6557)	-5.8895*** (0.2833)	-3.3909*** (0.4813)	-4.6829*** (1.3863)
CONSTANT	8.7488 (20.5103)	-9.6805 (10.9126)	31.6946*** (3.5913)	5.7511*** (1.3997)	34.8171 (27.0771)	-91.9860 (92.2973)	0.0000 (0.0000)	-256.9525*** (14.7774)	-159.9536*** (17.8786)	-308.4148*** (38.5944)
Wald-chi2	1183.13***	4024.85***	2524.59***	3159.49***	719.57***	4472.63***	38160.75***	68195.16***	32440.59***	5259.07***
行业效应	控制	控制	控制	控制	控制	控制	控制	控制	控制	控制
年份效应	控制	控制	控制	控制	控制	控制	控制	控制	控制	控制
N	84	84	168	108	60	84	84	168	108	60

注：括号内为标准误，*** $p<0.01$，** $p<0.05$，* $p<0.1$。

工艺升级具有显著负向影响；而在 2009～2014 年，全球价值链嵌入位置对制造业工艺升级具有正向影响，但不显著。在 2003～2008 年，全球价值链嵌入位置对制造业产品升级具有正向影响，但不显著；而在 2009～2014 年，全球价值链嵌入位置对制造业产品升级具有负向影响，但不显著。为进一步考察金融危机的影响，本节在计量模型的基础上引入金融危机虚拟变量（GFC），以及全球价值链嵌入位置与金融危机虚拟变量（2003～2008 年取 0；2009～2014 年取 1）的交乘项（$GVCL \times GFC$），回归结果见表 4.4 中的第（3）列和第（8）列。根据第（3）列的回归结果可知，交乘项的估计系数为负，且在 1% 显著性水平下显著，这进一步验证了金融危机弱化了全球价值链嵌入位置对制造业工艺升级的正向影响这一结论。根据第（3）列的回归结果可知，交乘项的估计系数为正，且在 1% 显著性水平下显著，这进一步验证了金融危机弱化了全球价值链嵌入位置对制造业产品升级的负向影响这一结论。

第二，行业异质性。由于中国制造业各行业间技术水平存在较大差异，因此全球价值链嵌入位置对不同技术水平行业的工艺升级与产品升级的影响可能存在差异。为此，本节参考吕越等（2018）的做法，将行业分成高技术行业和中低技术行业两类，即将化学原料及化学制品制造业、化学纤维制造业；医药制造业；通信设备、计算机及其他电子设备制造业；电气机械及器材制造业；交通运输设备制造业划分为高技术行业，其他行业划分为中低技术行业，并分别进行回归，回归结果见表 4.4 中第（4）～（5）列，以及第（9）～（10）列。根据回归结果可知，行业异质性下全球价值链嵌入位置对制造业工艺升级与产品升级的影响存在差异。从第（4）列的回归结果可知，全球价值链嵌入位置的估计系数显著为正，表明全球价值链嵌入位置的提升能够促进中低技术制造业工艺升级；而从第（5）列的回归结果可知，全球价值链嵌入位置的估计系数为负，但不显著。主要原因在于，发达国家阻碍中国高技术制造业进行技术研发，如中兴事件、中美经贸摩擦，从而阻碍高技术制造业工艺升级。从第（9）列的回归结果可知，全球价值链嵌入位置的估计系数为负，且在1%显著性水平下显著，这在一定程度上说明全球价值链嵌入位置的提升不利于中低技术制造业产品升级；而从第（10）列的回归结果可知，全球价值链嵌入位置的估计系数为正，但不显著。可能的原因在于，中低技术制造业向全球价值链中高端攀升，具备从事研发设计等高附加值活动的能力，不再关注产品质量的提升以迎合上游企业的需求，从而阻碍其产品升级；而中高技术企业长期从事研发设计等高附加值活动，从而对其产品升级具有不显著影响。

4.2.2.4 扩展分析

根据前文可知，全球价值链嵌入位置对中国制造业工艺升级与产品升级的影响分别表现为促进作用和抑制作用，那么全球价值链治理模式带来的影响是否也具有类似作用？不同的全球价值链治理模式的影响是否存在差异？接下来，本节将对上述问题进行深入分析。全球价值链治理模式包括市场型、网络型（包括模块型、关系型、领导型）和层级型三种。全球价值链治理模式对产业升级具有重要影响（Schmitz，2004）。全球价值链治理模式主要受交易的复杂性、交易的可编码性和供应商的能力的影响（Gereffi et al.，2005）。交易的复杂性越低、交易的可编码性越强和供应商的能力越强，全球价值链治理模式越倾向于市场型；反之，倾向于层级型，而网络型则介于两者之间。制造业间存在标准化程度、技术的发展与创新和供应商与采购商的紧密程度等因素的差异，导致其在全球价值链中具有不同的交易的复杂性、交易的可编码性和供应商的能力（王克岭等，2013），影响交易双方的交易费用和交易效率，以及产品的多样性和差异性，进而对工艺升级与产品升级协调发展产生影响。

为考察不同的全球价值链治理模式对工艺升级与产品升级的影响是否存在差异，本节借鉴黄凌云等（2018）对上述三种治理模式的测度，运用计量模型进行检验，估计结果见表4.5。根据估计结果可知，三种全球价值链治理模式对中国制造业工艺升级与产品升级的影响存在差异。从工艺升级视角看，与层级型治理模式（*VID*）不同的是，市场型治理模式（*TUD*）和网络型治理模式（*ASD*）和层级型的估计系数均为负，但是市场对制造业工艺升级具有显著负向影响，表明 *TUD* 和 *ASD* 对制造业工艺升级有抑制作用；从产品升级视角看，不同于 *TUD* 和 *VID*，*ASD* 对制造业产品升级具有显著负向影响，表明 *ASD* 不利于制造业产品升级。出现上述现象的原因可能是：市场型的治理模式存在于价值链分工体系形成初期或者发展中国家拥有核心技术和竞争优势的产品中，技术势力、市场势力或者生产要素的独特禀赋性，具备较高的技术门槛，从而对工艺升级有阻碍作用，对产品升级的影响不显著。网络型的治理模式表现为发达国家跨国企业通过研发、设计等技术优势来控制与扶持发展中国家以代工者身份参与其价值链体系，但发展中国家本土企业或网络的技术赶超和价值攀升存在限度，从而阻碍其工艺升级和产品升级。层级型的治理模式表现为发达国家为了开拓市场或降低生产成本而利用外商直接投资的方式在发展中国家建立子公司，并通过母公司以垂直一体化层级型方式实施对子公司的控制与运作，本土企业难以获得技术溢出，从而限制了本土企业的工艺升级和产品升级。

表 4.5 扩展分析回归结果

变量	TSJ			PSJ		
	（1）	（2）	（3）	（4）	（5）	（6）
TUD	− 0. 0477 *** (0. 0071)			− 0. 0639 (0. 0415)		
ASD		− 0. 0994 *** (0. 0132)			− 0. 5255 *** (0. 0609)	
VID			− 0. 0038 (0. 0426)			− 0. 1629 (0. 1875)
TPC	0. 1787 *** (0. 0085)	0. 1666 *** (0. 0090)	0. 1686 *** (0. 0116)	0. 3491 *** (0. 0698)	0. 5453 *** (0. 0495)	0. 3792 *** (0. 0732)

变量	TSJ			PSJ		
	(1)	(2)	(3)	(4)	(5)	(6)
TPL	-0.0273 ** (0.0133)	-0.0011 (0.0127)	-0.0364 *** (0.0140)	0.4986 *** (0.0609)	0.4913 *** (0.0353)	0.4421 *** (0.0692)
TFP	0.0447 *** (0.0143)	0.1028 *** (0.0123)	0.0285 ** (0.0143)	-0.0583 (0.0607)	0.0613 (0.0580)	-0.1006 (0.0711)
TIS	0.0754 *** (0.0098)	0.0582 *** (0.0118)	0.0445 *** (0.0139)	-0.1218 * (0.0673)	-0.2112 *** (0.0654)	-0.1423 ** (0.0652)
TOS	0.0089 (0.0197)	-0.0226 (0.0200)	-0.0183 (0.0271)	0.0780 (0.0731)	-0.1878 *** (0.0659)	0.0306 (0.0706)
TEP	0.1988 *** (0.0521)	0.1003 * (0.0530)	0.1005 (0.0653)	2.7134 *** (0.2341)	2.6440 *** (0.2004)	2.4868 *** (0.2236)
TTI	-0.2130 *** (0.0705)	0.3690 *** (0.0993)	-0.1768 ** (0.0757)	-4.6108 *** (0.4178)	-3.6971 *** (0.2916)	-4.6153 *** (0.4515)
CONSTANT	34.5333 *** (2.3630)	38.0367 *** (3.1222)	24.5799 *** (2.2626)	-283.6169 *** (15.0255)	-225.0565 *** (12.0888)	-295.7701 *** (15.3631)
Wald-chi2	5 742.58 ***	3 236.39 ***	2 149.11 ***	78 868.86 ***	98 317.77 ***	67 152.92 ***
行业效应	控制	控制	控制	控制	控制	控制
年份效应	控制	控制	控制	控制	控制	控制
N	168	168	168	168	168	168

注：括号内为标准误，$***p<0.01$，$**p<0.05$，$*p<0.1$。

4.3 全球价值链嵌入影响中国产业升级的作用机制研究

4.3.1 模型构建、变量测度与数据说明

为验证全球价值链嵌入位置是否通过创新驱动效应和人力资本积累

效应对制造业工艺升级与产品升级产生影响，本节参考巴伦和肯尼（Baron and Kenny，1986）和温忠麟等（2004）提出的中介效应检验方法，构建中介效应模型如下：

$$TPSJ_{it} = \alpha + \beta_1 GVCL_{it} + \sum_{j=2}^{8} \beta_j CON_{it} + \mu_i + \nu_t + \varepsilon_{it} \qquad (4.16)$$

$$TIV_{it} = \xi + \zeta_1 GVCL_{it} + \sum_{j=2}^{8} \zeta_j CON_{it} + \mu_i + \nu_t + \varepsilon_{it} \qquad (4.17)$$

$$TPSJ_{it} = \phi + \psi_1 GVCL_{it} + \psi_2 TIV_{it} + \sum_{j=3}^{9} \psi_j CON_{it} + \mu_i + \nu_t + \varepsilon_{it}$$

$$(4.18)$$

其中，（4.16）式与（4.15）式相同。ξ 和 ϕ 为常数项；ζ 和 ψ 为变量的估计系数。其他参数的含义与（4.15）式的相同。TIV 为中介变量，包括进口中间品、引进投资和对外投资等指标。其中，进口中间品（III），运用中间品进口量表征，原始数据来源于世界投入产出数据库；引进投资（$IFDI$），参考黄凌云等（2018），运用制造业细分行业的外商直接投资占制造业外商直接投资表征；人力资本（THC）运用研究与发展人员全时当量与全部从业人员年平均人数的比值表示。原始数据来自国家统计局、《中国统计年鉴》和《中国工业经济统计年鉴》；对外投资（$OFDI$），运用制造业细分行业的对外直接投资占制造业对外直接投资表征。原始数据来源于国家统计局、中国对外直接投资统计公报、《中国统计年鉴》和《中国工业经济统计年鉴》。中介效应模型的检验过程如下：第一步，对（4.16）式中的估计系数 β_1 检验，如果 β_1 不显著，则不具备中介效应检验的条件，反之则进行下一步检验。第二步，对（4.17）式中的估计系数 ζ_1 检验。第三步，对（4.18）式中的估计系数 ψ_1、ψ_2 检验。如果 ζ_1 和 ψ_2 均显著，则存在中介效应，在此基础上检验 ψ_1 的显著性，如果 ψ_1 显著，则是部分中介效应，否则是完全中介效应；如果 ζ_1 或者 ψ_2 的估计系数不显著，则需要进行 Sobel 检验，以确定中介效应是否显著。首先计算 Sobel 检验的统计量，然后根据麦金农等（MacKinnon et al.，2002）的做法，检验统计量是否显著。如果显著，则拒绝原假设，表明中介效应显著，否则中介效应不显著。

4.3.2 作用机制结果与分析

首先，本节进行中介效应模型的第一步检验，检验结果见表4.2中的第（3）列和第（6）列的回归结果，结果表明全球价值链嵌入位置对制造业工艺升级和产品升级的影响分别是显著为正和显著为负，表明具备中介效应检验的条件。接下来，本节进行第二步检验，即对（4.17）式中的估计系数 ζ_1 进行检验，检验结果见表4.6。结果显示，全球价值链嵌入位置对进口中间品的影响是显著为正，表明全球价值链嵌入位置的提升能够促进中间品进口增加；而全球价值链嵌入位置对引进外资、对外投资和人力资本的影响均是显著为负，表明全球价值链嵌入位置的提升不利于引进外资增加、对外投资增加和人力资本提升。

表4.6　　　　　　　　　中介效应模型（4.17）回归结果

变量	第二步			
	III	*IFDI*	*OFDI*	*THC*
	（1）	（2）	（3）	（4）
GVCL	0.1316 ***	− 0.0159 ***	− 0.0217 ***	− 1.6572 ***
	(0.0079)	(0.0042)	(0.0042)	(0.1034)
控制变量	控制	控制	控制	控制
CONSTANT	14.9625 ***	6.6031 ***	11.5851 ***	− 264.2082 ***
	(0.5543)	(0.2576)	(0.2980)	(11.4383)
*Wald-chi*2	13 211.85 ***	1 719 711 ***	1 589 673 ***	361 017.38 ***
行业效应	控制	控制	控制	控制
年份效应	控制	控制	控制	控制
N	168	168	168	168

注：括号内为标准误，*** $p < 0.01$，** $p < 0.05$，* $p < 0.1$。

最后，本节进行第三步检验，即对（4.18）式中的估计系数 ψ_1、ψ_2 进行检验，检验结果如表 4.7 所示，其中第（1）～（4）列为工艺升级中介效应模型的回归结果，而第（5）～（8）列为产品升级中介效应模型的回归结果。根据第（1）～（4）列的估计结果可知，中间品进口、引进外资和对外投资的估计系数均显著为正。结合第二步的回归结果可知，全球价值链嵌入位置会通过进口中间品对制造业工艺升级具有促进作用；而全球价值链嵌入位置会通过引进外资和对外投资对制造业工艺升级产生抑制作用。而人力资本的估计系数不显著且为负，可能原因在于，中国长期以来以引进先进技术为主，但忽略了核心技术人员的重要作用，导致现有的科技人员无法完全掌握先进技术，存在技术吸收能力的门槛效应（肖利平和谢丹阳，2016），从而阻碍了工艺升级。接下来本节进行 Sobel 检验，检验结果显示尚未通过 Sobel 检验，表明全球价值链嵌入位置影响制造业工艺升级不存在人力资本的中介效应。根据第（5）～（8）列的估计结果可知，中间品进口、引进外资、对外投资和人力资本的估计系数均显著为正。结合第二步的回归结果可知，全球价值链嵌入位置会通过进口中间品对制造业产品升级具有促进作用；而全球价值链嵌入位置会通过引进外资、对外投资和人力资本对制造业工艺升级产生抑制作用。

4.3.3　稳健性检验

考虑到在测算工艺升级与产品升级综合发展水平的过程中，采用不同的标准化方法会导致结果存在差异。因此，本节运用线性比例变换法和向量归一法重新测算中国制造业工艺升级与产品升级综合发展水平，以进一步验证机制检验结果的稳健性，检验结果见表 4.8 和表 4.9。

表4.7　　中介效应模型（4.18）回归结果

变量	TSJ				第三步	PSJ		
	(1)	(2)	(3)	(4)	(5)	(6)	(7)	(8)
GVCL	0.1589*** (0.0427)	0.2199*** (0.0383)	0.1921*** (0.0401)	0.2018*** (0.0236)	-1.2021*** (0.1760)	-0.3679*** (0.0977)	-0.3884** (0.1785)	-0.2728 (0.2009)
III	0.2021*** (0.0748)				4.0184*** (0.4199)			
IFDI		1.2769*** (0.1252)				4.5909*** (0.4211)		
OFDI			0.3542*** (0.1040)				3.4318*** (0.3939)	
THC				-0.0005 (0.0038)				0.2342*** (0.0287)
控制变量	控制	控制	控制	控制	控制	控制	控制	控制
CONSTANT	25.3932*** (2.2543)	21.4353*** (2.7547)	21.4874*** (2.2424)	23.0210*** (2.7857)	-349.1220*** (21.5295)	-318.5732*** (7.1039)	-330.0489*** (13.3943)	0.0000 (0.0000)
Wald-chi2	3 529.12***	2 242.73***	3 898.86***	2 065.44***	57 730.69***	136 052.06***	111 946.11***	203 051.90***
行业效应	控制	控制	控制	控制	控制	控制	控制	控制
年份效应	控制	控制	控制	控制	控制	控制	控制	控制
N	168	168	168	168	168	168	168	168

注：括号内为标准误，*** p<0.01，** p<0.05，* p<0.1。

表 4.8　　工艺升级中介效应模型（4.18）的稳健性检验结果

变量	(1)	(2)	(3)	(4)	(5)	(6)	(7)	(8)
GVCL	0.1353 *** (0.0474)	0.2150 *** (0.0417)	0.1607 *** (0.0447)	0.2106 *** (0.0304)	0.0481 *** (0.0118)	0.0581 *** (0.0138)	0.0484 *** (0.0093)	0.0616 *** (0.0088)
III	0.1875 ** (0.0858)				0.0504 *** (0.0190)			
IFDI		1.3353 *** (0.1339)				0.3835 *** (0.0415)		
OFDI			0.3755 *** (0.1161)				0.1122 *** (0.0271)	
THC				−0.0033 (0.0046)				−0.0018 (0.0013)
控制变量	控制	控制	控制	控制	控制	控制	控制	控制
CONSTANT	28.3587 *** (2.5657)	25.0207 *** (2.9140)	24.1654 *** (2.5564)	26.2416 *** (2.5377)	9.0191 *** (0.5813)	7.6804 *** (0.8599)	7.9302 *** (0.8277)	7.6999 *** (0.7568)
Wald-chi2	2 542.76 ***	2 254.66 ***	2 725.06 ***	3 983.87 ***	4 485.46 ***	2 557.71 ***	5 138.28 ***	4 725.02 ***
行业效应	控制	控制	控制	控制	控制	控制	控制	控制
年份效应	控制	控制	控制	控制	控制	控制	控制	控制
N	168	168	168	168	168	168	168	168

注：括号内为标准误，*** p＜0.01，** p＜0.05，* p＜0.1。

表4.9　产品升级中介效应模型（4.18）的稳健性检验结果

变量	(1)	(2)	(3)	(4)	(5)	(6)	(7)	(8)
GVCL	-0.6702*** (0.1603)	-0.2923* (0.1598)	-0.1828 (0.1243)	0.0443 (0.1313)	-0.7120*** (0.1536)	-0.3062** (0.1528)	-0.2253* (0.1234)	0.3315** (0.1606)
III	2.3013*** (0.4897)				2.4370*** (0.2356)			
IFDI		3.4969*** (0.5354)				3.7534*** (0.5650)		
OFDI			2.9236*** (0.3308)				2.6010*** (0.2851)	
THC				0.2244*** (0.0214)				0.2890*** (0.0258)
控制变量	控制	控制	控制	控制	控制	控制	控制	控制
CONSTANT	-303.0003*** (16.2308)	0.0000 (0.0000)	0.0000 (0.0000)	-211.0931*** (14.0410)	-339.5212*** (13.1555)	0.0000 (0.0000)	-315.0569*** (12.8333)	0.0000 (0.0000)
Wald-chi2	56 425.17***	151 786.23***	176 585.05***	68 605.12***	33 643.30***	1 073 111***	31 797.73***	278 217.38***
行业效应	控制	控制	控制	控制	控制	控制	控制	控制
年份效应	控制	控制	控制	控制	控制	控制	控制	控制
N	168	168	168	168	168	168	168	168

注：括号内为标准误，*** $p<0.01$，** $p<0.05$，* $p<0.1$。

表4.8为工艺升级中介效应模型（4.18）的稳健性检验估计结果，其中第（1）~（4）列采用的是线性比例变换法将不同量纲变为无量纲的标准化，而第（5）~（8）列则运用了向量归一法。检验结果均表明，进口中间品、引进投资和对外投资对制造业工艺升级的影响均显著为正，而人力资本表现为不显著影响，这进一步说明了本节机制检验结果具有稳健性。

表4.9为产品升级中介效应模型（4.18）的稳健性检验估计结果，其中第（1）~（4）列采用的是线性比例变换法将不同量纲变为无量纲的标准化，而第（5）~（8）列则运用了向量归一法。检验结果均表明，进口中间品、引进外资、对外投资和人力资本对制造业工艺升级和产品升级的影响均显著为正，这进一步说明了本节机制检验结果具有稳健性。

4.4　本章小结

本章首先测度并分析中国制造业工艺升级和产品升级综合发展水平及其演进趋势和发展现状，同时测度并分析了中国制造业全球价值链的位置及其演进趋势和发展现状。其次，采用可行广义最小二乘法实证研究了全球价值链嵌入位置对中国制造业工艺升级和产品升级的影响。最后，运用中介效应模型验证了全球价值链嵌入位置影响中国制造业工艺升级和产品升级的间接作用机制。研究发现：

（1）改革开放以来中国存在由选择性产业政策向功能性产业政策演进的趋势。中国制造业工艺升级和产品升级的综合发展水平整体表现为上升趋势。（2）考察期内，中低技术制造业的全球价值链的位置指数与高技术制造业相比普遍较高。与大部分高技术制造业不同，考察期内大部分中低技术制造业的全球价值链的位置指数整体上呈上升趋势。（3）总体上，全球价值链嵌入位置的提升有助于制造业工艺升级，但不利于制造业产品升级。从阶段性影响看，金融危机发生后，全球价值链嵌入位置对制造业工艺升级与产品升级影响不显著。但是，金融危机弱化了全球价值链嵌入位置对制造业工艺升级和产品升级的影响。从行业异质性看，与高技术制造业不同，全球价值链嵌入位置的提升能够显著影响中低技术制造业工艺升级和产品升级。从治理模式看，市场型和网络型治理模式均不利于制造业工艺升级，而网络型治理模式不利于制造业产品升级。（4）影响机制检验表明，全球价值链嵌入位置通过中间品进口促进制造业工艺升级和产品升级；全球价值链嵌入位置通过引进外资和对外投资对制造业工艺升级和产品升级产生抑制作用；全球价值链嵌入位置通过人力资本对制造业产品升级产生抑制作用，但其对制造业工艺升级不存在人力资本的中介效应。

第5章

中国产业升级路径协调发展测度及收敛性分析

改革开放以来，中国依赖人口红利等要素优势嵌入发达国家主导的全球价值链的低端制造环节，部分产业尽管实现了适度升级，但在工艺技术水平和产品技术含量等方面依然与发达国家相差甚远（杨浩昌等，2016），阻碍了中国向全球价值链的高附加值环节攀升的进程，并且中国经济已经由高速增长阶段转向高质量发展阶段，正处在转变发展方式、优化经济结构、转换增长动力的攻关期，中国产业亟待升级。在全球价值链不断发展的背景下，传统的产业间升级已经逐步转变为工艺升级和产品升级等多种形态的升级（盛斌和陈帅，2015），并且工艺升级是产品升级的基础，而产品升级是价值链升级的"关键节点"（刘斌等，2016）。因此，顺利实现产业升级的关键在于其工艺升级与产品升级的协调发展。现有文献仅从产品视角考察产业升级，忽略了工艺升级与产品升级之间的协调发展关系，从而导致结论存在偏误。那么，中国工艺升级与产品升级协调发展水平如何？随着中国不断推动产业转型升级和区域协调发展，不同产业或地区之间存在技术扩散（Barro and Sala-I-Martin，1997）现象，其技术水平可能渐趋一致，那么中国工艺升级与产品升级协调发展水平是否存在收敛性？回答上述问题对于中国实现产业转型升级和区域协调发展具有重要意义。

为此，本章首先从行业和区域层面构建工艺升级与产品升级协调发展程度指标体系，使用耦合协调模型测度其协调发展水平并分析其演进趋势。其次，构建 σ 收敛模型、绝对 β 收敛模型和条件 β 收敛模型探讨中国制造业工艺升级与产品升级协调发展的收敛性。最后，建立 σ 收敛模型、β 收敛的空间自回归模型和 β 收敛的空间误差模型考察中国省际工艺升级与产品升级协调发展的空间收敛性。

5.1 中国工艺升级与产品升级协调发展程度的测度

5.1.1 耦合协调度模型概述

通过前文的分析可知，工艺升级和产品升级都由相互依赖的若干部分组成，可以视为产业内升级的两个子系统。本部分从行业层面和区域层面将工艺升级与产品升级之间通过各自组成要素变动所产生的相互作用，彼此关联的程度定义为工艺升级与产品升级的耦合协调度，其大小反映了产业内升级系统对产业升级系统的作用强度和贡献程度。通过测度工艺升级与产品升级耦合协调度，可以刻画出产业内升级系统的动态变化情况，进一步准确衡量该系统耦合协调的演变趋势及其影响因素。本节中的工艺升级与产品升级耦合度模型由耦合度模型和耦合协调度模型两个模型构成。

5.1.1.1 耦合度模型

功效函数。设变量 X_{ij}^{t}（$i = 1，2；j = 1，2，\cdots，m；t = 1，2，\cdots，l$）是产业内升级系统中 i 子系统的第 j 项指标 t 年的数值即序参量，其中，$i = 1$ 表示工艺升级子系统，$i = 2$ 表示产品升级子系统。α_{ij}^{t} 和 β_{ij}^{t} 分别是系统稳定临界点序参量在 t 年的上限值、下限值。根据曾繁清和叶德珠（2017），本节将序参量的最大值和最小值作为序参量的上限值、下限值。因此，标准化的功效系数 μ_{ij}^{t} 的计算公式为：

$$\mu_{ij}^{t} = \begin{cases} (X_{ij}^{t} - \beta_{ij}^{t})/(\alpha_{ij}^{t} - \beta_{ij}^{t}) & \mu_{ij}^{t} \text{具有正功效} \\ (\alpha_{ij}^{t} - X_{ij}^{t})/(\alpha_{ij}^{t} - \beta_{ij}^{t}) & \mu_{ij}^{t} \text{具有负功效} \end{cases} \tag{5.1}$$

其中，标准化的功效系数 μ_{ij}^{t} 为变量 X_{ij}^{t} 对系统的功效贡献值，反映指标达到目标的满意程度，且 $\mu_{ij}^{t} \in [0, 1]$，趋近 0 为最不满意程度，趋近 1 为最满意程度。

工艺升级和产品升级处于两个不同而又相互作用的子系统，子系统内各个序参量对产业内升级系统的"总贡献"可以通过集成方法实现，且一般采用几何平均法和线性加权和法测算，本节借鉴唐晓华等（2018），运用线性加权和法测算。设 λ_{ij}^{t} 为 i 子系统的第 j 项指标 t 年的数值即序参量的权重，为避免主观人为因素影响，本节选择基于客观环境计算指标权重的熵值赋权法确定各指标权重（唐晓华等，2018）。具体计算方法如下：首先，计算 i 子系统各行业（地区）第 t 年第 j 项指标占所有行业（地区）之和的比重 $y_{ij}^{t} = \dfrac{u_{ij}^{t}}{\sum\limits_{t=1}^{l} u_{ij}^{t}}$；其次，计算 i 子系统第 j 项指标的信息熵 $H_{ij} = -\dfrac{1}{\ln m}\sum\limits_{t=1}^{l} y_{ij}^{t}\ln y_{ij}^{t}$；再次，计算第 j 项指标的差异性系数 $h_{ij} = 1 - H_{ij}$；最后，计算 i 子系统第 j 项指标的权重 $W_{ij} = \dfrac{h_{ij}}{\sum\limits_{j=1}^{m} h_{ij}}$，用 i 子系统指标 j 的差异性系数与所有指标的差异性系数的比重表示。因此，工艺升级和产品升级系统对产业内升级系统有序度贡献 μ_{i}^{t} 的计算公式为：

$$\mu_{i}^{t} = \sum_{j=1}^{m} \lambda_{ij}^{t}\mu_{ij}^{t}, \quad \sum_{j=1}^{m} \lambda_{ij}^{t} = 1 \tag{5.2}$$

5.1.1.2 耦合协调度模型

耦合度模型能够测度工艺升级和产品升级的耦合程度，但无法反映工艺升级和产品升级的整体功效和协同效应，特别是多个区域或行业对比研究的情形。为了衡量不同区域或行业工艺升级和产品升级交互耦合的协调程度，本节借鉴物理学中的容量耦合系统模型进行测度。其中，n 个系统相互作用的耦合度模型为：

$$C_n = n \left\{ (\mu_1 \cdot \mu_2, \cdots, \mu_n) \Big/ \left[\prod (\mu_i + \mu_j) \right] \right\}^{1/n} \qquad (5.3)$$

因此，工艺升级和产品升级这两个子系统的耦合度模型为：

$$C_{12}^t = 2 \sqrt{\mu_1^t \cdot \mu_2^t} / (\mu_1^t + \mu_2^t) \qquad (5.4)$$

其中，C_{12}^t 为工艺升级与产品升级在 t 年的耦合度值，且 $C_{12}^t \in (0，1]$。但是，在 μ_1^t 和 μ_2^t 取值相近且较低的情况下，计算的耦合度会出现较高的伪评价结果。因此，为准确衡量工艺升级和产品升级之间的互动发展水平，本节需进一步考虑耦合度基础上的协调程度，构建耦合协调度模型，具体如下：

$$CDL_{12}^t = (C_{12}^t \cdot T_{12}^t)^{1/2}，\quad T_{12}^t = \alpha \mu_1^t + \beta \mu_2^t \qquad (5.5)$$

其中，CDL_{12}^t 为工艺升级与第 j 项产品升级在 t 年的耦合协调度，$CDL_{12}^t \in (0，1]$。借鉴吴文恒和牛叔文（2006）、逯进和周惠民（2013）和唐晓华等（2018），本节将耦合协调度分为协调发展型和失调衰退型两大类，再详细分为 10 种基本类型，具体见表 5.1。T_{12}^t 为反映工艺升级和产品升级在 t 年的协同效应的综合评价指数，且 $T_{12}^t \in (0，1]$。α 和 β 是待定系数，分别表示工艺升级和产品升级对产业内系统耦合协同作用的贡献程度，且 $\alpha + \beta = 1$。为避免主观人为因素影响，本节根据数据采用熵值赋权法测算待定系数。

表 5.1　　　　　　　　　　　　协调发展判定标准

协调数值	协调发展型	协调数值	失调衰退型
(0.9, 1.0]	优质协调发展型	(0.4, 0.5]	濒临失调衰退型
(0.8, 0.9]	良好协调发展型	(0.3, 0.4]	轻度失调衰退型
(0.7, 0.8]	中级协调发展型	(0.2, 0.3]	中度失调衰退型
(0.6, 0.7]	初级协调发展型	(0.1, 0.2]	重度失调衰退型
(0.5, 0.6]	勉强协调发展型	(0.0, 0.1]	极度失调衰退型

5.1.2 指标选取和数据说明

5.1.2.1 指标选取

基于制造业工艺升级和产品升级内涵及其协调发展机制的分析，依据建立评价指标体系的科学性、系统性以及数据的可获得性等原则，本节从制造业工艺升级和产品升级两个方面选取9个二级指标构建制造业工艺升级和产品升级协同发展的评价指标体系。其中，工艺升级指标体系包括技术改造经费支出、技术引进经费支出、消化吸收经费支出、研究与试验发展内部经费支出和劳动生产率；产品升级指标体系包括新产品开发项目数、新产品开发经费、新产品销售收入和发明专利申请数。指标选取的主要依据和数据来源详见第4章4.2节中的4.2.1。

5.1.2.2 数据说明

考虑到数据的可获得性（除2003～2014年外，其他年份的数据严重缺失）和统计口径的一致性（国家统计局2003～2011年执行国民经济行业分类2002年标准，而从2012年起执行国民经济行业分类2011年标准。），本节选取2003～2014年中国制造业和区域作为研究对象。

行业层面。本节将2003～2011年的"塑料制品业"和"橡胶制品业"合并为"橡胶和塑料制品业"；将2012～2014年"汽车制造业"和"铁路、航空、航天和其他运输设备制造业"合并为"交通运输设备制造业"；不考虑2003～2011年的"工艺品及其他制造业"和2012～2014年的"其他制造业""废弃资料综合利用业"和"金属制品、机械和设备修理业"，共计27个制造业细分行业。根据阳立高等（2014）基于要素密集度对制造业进行分类并进行编码，其中劳动密集型制造业包括"农副食品加工业"（C101）、"食品制造业"（C102）、"纺织业"（C13）、"纺织服装服饰业"（C14）、"皮革毛皮羽毛（绒）及其制品业"（C15）、"木材加工及木竹藤棕草制品业"（C16）、"家具制造业"（C31）、"印刷业和记录媒介的复制"（C18）、"文教体育用品制造业"（C32）、"橡胶和塑料制品业"（C22）、"非金属矿物制品业"（C23）和"金属制品业"（C25）；资本密集型制造业包括"饮料制造业"（C11）、"烟草制品业"（C12）、"造纸和纸制品业"（C17）、"石油加工炼焦及核燃料加工业"（C19）、"化学原料及化学制品制造业"（C201）、"化学纤维制造业"（C202）、"黑色金属冶炼及压延加工业"（C241）、"有色金属冶炼及压延加工业"（C242）和"通用设备制造业"（C281）；技术密集型制造业包括"医药制造业"（C21）、"专用设备制造业"（C282）、"交通运输设备制造业"（C29～C30）、"电气机械及器材制造业"（C27）、"通信设备计算机及其他电子设备制造业"（C26）和"仪器仪表制造业"（C33）。

区域层面。本节运用的中国 30 个省份，东部地区包括北京（BJ）、天津（TJ）、河北（HEB）、辽宁（LN）、上海（SH）、江苏（JS）、浙江（ZJ）、福建（FJ）、山东（SD）、广东（GD）、海南（HAN）11 个省份；中部地区包括山西（SX）、吉林（JL）、黑龙江（HLJ）、安徽（AH）、江西（JX）、河南（HEN）、湖北（HUB）、湖南（HUN）8 个省份；西部地区包括内蒙古（IM）、广西（GX）、重庆（CQ）、四川（SC）、贵州（GZ）、云南（YN）、陕西（SAX）、甘肃（GS）、青海（QH）、宁夏（NX）、新疆（XJ）11 个省份。

5.1.3　耦合协调度的测算结果和分析

由于中国工艺升级和产品升级的发展程度存在行业异质性和区域不平衡性，因此，本节分别从行业层面和区域层面两个方面对中国制造业工艺升级和产品升级耦合协调发展程度进行测算并分析（行业层面结果见图 5.1 和图 5.2，区域层面结果见图 5.3 和图 5.4），从而探究其背后的原因。

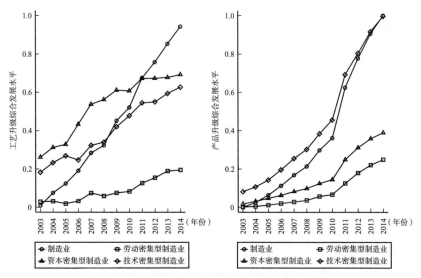

图 5.1　制造业工艺升级和产品升级综合发展水平

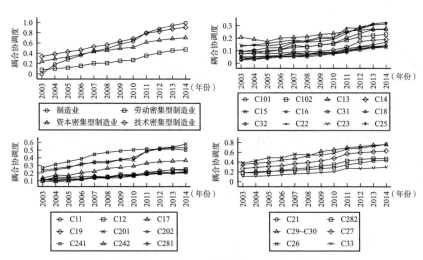

图 5.2　制造业工艺升级和产品升级耦合协调度变动趋势

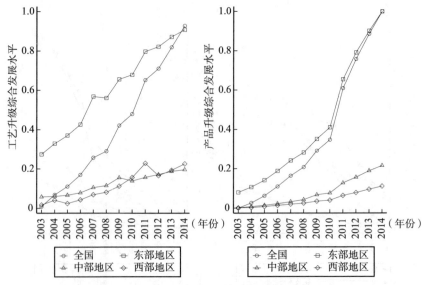

图5.3 区域工艺升级和产品升级综合发展水平

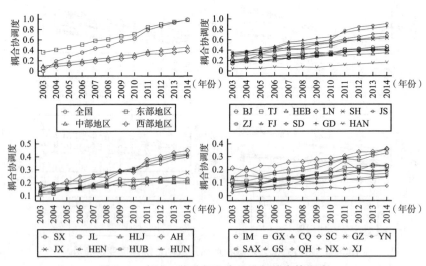

图5.4 省域工艺升级和产品升级耦合协调度

5.1.3.1 行业层面

图 5.1 显示了制造业工艺升级和产品升级综合发展水平，而图 5.2 显示了制造业工艺升级和产品升级耦合协调度变动趋势。根据图 5.1 和图 5.2 可知，制造业、劳动密集型制造业、资本密集型制造业和技术密集型制造业耦合协调度呈逐年上升趋势，但存在差异。其中，制造业总体工艺升级和产品升级耦合协调发展水平呈持续上升态势，由初始的失调衰退型逐步提升为协调发展型，最终在 2014 年攀升至优质协调发展型。这在一定程度上说明，制造业总体工艺升级和产品升级间的相互促进作用逐渐增强。劳动密集型制造业工艺升级和产品升级耦合协调度从 2003 年的 0.0812 上升至 2014 年的 0.4742，相应的耦合协调发展类型由极度失调衰退型演变为濒临失调衰退型；资本密集型制造业工艺升级和产品升级耦合协调度从 2003 年的 0.2420 上升至 2014 年的 0.7039，相应的耦合协调发展类型由中度失调衰退型演变为中级协调发展型；技术密集型制造业工艺升级和产品升级耦合协调度从 2003 年的 0.3390 上升至 2014 年的 0.9053，相应的耦合协调发展类型由轻度失调衰退型演变为优质协调发展型。与此同时，工艺升级和产品升级的综合发展水平存在差异，且产品升级的增速快于工艺升级。其中，制造业总体在 2003～2011 年工艺升级的综合发展水平高于其产品升级，而 2012～2014 年却低于其产品升级。劳动密集型制造业在 2003～2011 年工艺升级的综合发展水平高于其产品升级，而在 2012～2014 年却低于其产品升级；资本密集型制造业在 2003～2014 年工艺升级的综合发展水平高于其产品升级；技术密集型制造业在 2003～2010 年工艺升级的综合发展水平高于其产品升级，而在 2011～2014 年却低于其产品升级。进一步分析可知，在 2003～2014 年，制造业分行业工艺升级和产品升级耦合协调度一直呈不断上升趋势，但劳动密集型制造业耦合协调发展类型依然处于失调衰替型。而资本密集型制造业和技术密集型制造业先后在 2010 年和 2007 年跨过失调衰退型步入协调发展型，最终分别达到中级协调发展型和优

质协调发展型。这也侧面反映出中国通过调整产业政策促使产业结构不断升级，偏向于发展资本密集型制造业和技术密集型制造业，进而使资本密集型制造业和技术密集型制造业的工艺升级和产品升级形成耦合协调发展趋势。

从行业分布看，制造业细分行业工艺升级和产品升级的耦合协调发展水平存在行业异质性。在 2003 年，家具制造业工艺升级和产品升级的耦合协调发展水平为 0.0257，属于极度失调衰退型，而通信设备、计算机及其他电子设备制造业为 0.3789，属于轻度失调衰退型；在 2009 年，家具制造业工艺升级和产品升级的耦合协调发展水平为 0.0631，属于极度失调衰退型，而交通运输设备制造业为 0.6190，属于初级协调发展型；在 2014 年，皮革、毛皮、羽毛（绒）及其制品业工艺升级和产品升级的耦合协调发展水平为 0.1273，属于重度失调衰退型，而通信设备、计算机及其他电子设备制造业为 0.7631，属于中级协调发展型。综上可知，在同一时间内，工艺升级和产品升级耦合协调发展程度较高的制造业细分行业大多数集中在技术密集型制造业中，在一定程度上说明这些行业注重工艺升级和产品升级的协调作用，致使其耦合协调发展水平相对较高。从发展趋势看，制造业细分行业工艺升级和产品升级的耦合协调发展水平呈不断上升趋势，但其上升程度存在差异。其中，纺织服装、鞋、帽制造业、皮革、毛皮、羽毛（绒）及其制品业、木材加工及木、竹、藤、棕、草制品业、家具制造业、印刷业和记录媒介的复制和文教体育用品制造业工艺升级和产品升级的耦合协调发展类型从 2003 年的极度失调衰退型发展为 2014 年的重度失调衰退型，农副食品加工业、食品制造业和造纸及纸制品业从 2003 年的极度失调衰退型发展为 2014 年的中度失调衰退型，而金属制品业从 2003 年的极度失调衰退型发展为 2004 年的轻度失调衰退型。饮料制造业、烟草制品业、石油加工、炼焦及核燃料加工业、化学纤维制造业和仪器仪表制造业工艺升级和产品升级的耦合协调发展类型从 2003 年的重度失调衰退型发展为 2014 年的中度失调衰退型，橡胶和塑料制品业、非金属矿物制品

业和有色金属冶炼及压延加工业从 2003 年的重度失调衰退型发展为
2014 年的轻度失调衰退型，而专用设备制造业和医药制造业从 2003 年
的重度失调衰退型发展为 2014 年的濒临失调衰退型。黑色金属冶炼及
压延加工业工艺升级和产品升级的耦合协调发展类型从 2003 年的中度
失调衰退型发展为 2014 年的濒临失调衰退型，化学原料及化学制品制
造业和通用设备制造业从 2003 年的中度失调衰退型发展为 2014 年的勉
强协调发展型，而电气机械及器材制造业则从 2003 年的中度失调衰退
型发展为 2014 年的初级协调发展型。交通运输设备制造业和通信设备、
计算机及其他电子设备制造业从 2003 年的轻度失调衰退型发展为 2014
年的中级协调发展型。综上可知，工艺升级和产品升级耦合协调发展程
度增加较快的制造业细分行业大多数集中在技术密集型制造业中，在一
定程度上说明中国重视技术密集型制造业的发展，从而提高了工艺升级
和产品升级的耦合协调发展水平。

5.1.3.2　区域层面

图 5.3 显示了区域工艺升级和产品升级综合发展水平，而图 5.4 显
示了省域工艺升级和产品升级耦合协调度。根据图 5.3 和图 5.4 可知，
全国、东部地区、中部地区和西部地区耦合协调度呈逐年上升趋势，但
存在差异。其中，全国工艺升级和产品升级耦合协调度类型由 2003 年
的极度失调衰退型演变为 2014 年的优质协调发展型；东部地区工艺升
级和产品升级耦合协调度从 2003 年的 0.3595 上升至 2014 年的 0.9813，
相应的耦合协调发展类型由轻度失调衰退型演变为优质协调发展型；中
部地区工艺升级和产品升级耦合协调度从 2003 年的 0.0883 上升至 2014
年的 0.4552，相应的耦合协调发展类型由极度失调衰退型演变为濒临
失调衰退型；西部地区工艺升级和产品升级耦合协调度从 2003 年的
0.0641 上升至 2014 年的 0.3818，相应的耦合协调发展类型由极度失调
衰退型演变为轻度失调衰退型。与此同时，工艺升级和产品升级的综合
发展水平存在差异，且产品升级的增速快于工艺升级。其中，全国在

2003~2011年工艺升级的综合发展水平高于其产品升级，而在2012~2014年却低于产品升级；东部地区和西部地区均在2003~2012年工艺升级的综合发展水平高于其产品升级，而在2013~2014年却低于其产品升级；西部地区在2003~2014年工艺升级的综合发展水平高于其产品升级。进一步分析可知，2003~2014年，区域工艺升级和产品升级耦合协调度一直呈不断上升趋势，但中部地区和西部地区耦合协调发展类型依然处于失调衰替型。而东部地区在2006年跨过失调衰退型步入协调发展型，最终达到优质协调发展型。由此可见，国家尽管通过中部崛起战略和西部大开发战略在一定程度上促进中西部地区发展，但工艺升级和产业升级之间互相促进的作用依然较弱，中西部地区工艺升级和产业升级之间并未形成良性的耦合协调发展趋势。

从省域分布看，省域工艺升级和产品升级的耦合协调发展水平存在区域发展不平衡性。在2003年，青海工艺升级和产品升级的耦合协调发展水平为0.0257，属于极度失调衰退型，而江苏制造业为0.3566，属于轻度失调衰退型；在2009年，青海工艺升级和产品升级的耦合协调发展水平为0.0547，属于极度失调衰退型，而广东为0.6268，属于初级协调发展型；在2014年，青海工艺升级和产品升级的耦合协调发展水平为0.0742，属于极度失调衰退型，而江苏为0.9065，属于优质协调发展型。综上可知，在同一时间内，工艺升级和产品升级耦合协调发展程度较高的制造业大多数集中在东部地区制造业中，在一定程度上说明东部地区注重工艺升级和产品升级的协调作用，具有较高的发展水平，从而使其耦合协调发展水平相对较高。从发展趋势看，省域工艺升级和产品升级的耦合协调发展水平呈不断上升趋势，但其上升程度存在差异。其中，江苏工艺升级和产品升级的耦合协调发展类型从2003年的轻度失调衰退型发展为2014年的优质协调发展型，而上海、山东和广东均从2003年的轻度失调衰退型，分别发展为2014年的初级协调发展型、中级协调发展型、良好协调发展型。浙江工艺升级和产品升级的耦合协调发展类型从2003年的中度失调衰退型发展为2014年的初级协调发展型，而辽宁和四川则从2003年的中度失调衰退型发展为2014年的轻度失调衰退型。北京、天津、安徽、福建、湖北和湖南工艺升级和产品升级的耦合协调发展类型从2003年的重度失调衰退型发展为2014年的濒临失调衰退型，河北、河南、重庆和陕西从2003年的重度失调衰退型发展为2014年的轻度失调衰退型，而山西、吉林、黑龙江、江西和广西从2003年的重度失调衰退型发展为2014年的中度失调衰退型。海南、贵州、云南、甘肃、宁夏和新疆工艺升级和产品升级的耦合协调发展类型从2003年的极度失调衰退型发展为2014年的重度失调衰退型，而青海则在2003~2014年一直保持极度失调衰退型。综上可知，大部分东部地区省份的耦合协调发展水平相对较高且增速较快，大部分西部地区省份却与之相反，而大部分中部地区省份介于其他两个地区省份之间。主要原因在于，中国区域发展存在不平衡性，东部地区大部分省份发展水平相对较高，西部地区大部分省份发展水平相对较低，而中部地区大部分省份介于其他两个地区省份之间。

5.2 中国制造业工艺升级与产品升级协调发展的收敛性分析

随着中国不断推动产业转型升级和区域协调发展，不同产业或地区之间存在技术扩散现象（Barro and Sala-I-Martin，1997），其技术水平可能渐趋一致，因此本章进一步考察中国工艺升级与产品升级耦合协调发展水平行业异质性和区域差异性的收敛性，运用收敛模型从时间视角实证考察其行业异质的收敛性，同时从时间和空间双重视角实证分析其区域差异的收敛性。这在一定程度上有利于为区域协调发展战略和推动产业升级提供更多方向性指导。

5.2.1 收敛模型概述

收敛模型最早用于检验收入差距是否存在收敛，随后其应用范围扩展到创新等领域（马大来等，2017），主要包括 σ 收敛模型和 β 收敛模型。具体介绍如下：

5.2.1.1 σ 收敛模型

本节将 σ 收敛定义为不同行业工艺升级与产品升级耦合协调发展水平差异性随时间的推移逐渐减小的趋势，反映其偏离整体平均水平的差异。如果不同行业工艺升级与产品升级耦合协调发展水平的差距缩小，那么就存在 σ 收敛，否则不存在 σ 收敛。本节构建工艺升级与产品升级耦合协调发展水平的 σ 收敛模型，如下：

$$\sigma_t = \sqrt{\frac{1}{n}\sum_{i=1}^{n}\left(\ln CDL_{it} - \frac{1}{n}\sum_{i=1}^{n}\ln CDL_{it}\right)^2} \tag{5.6}$$

其中，i 表示行业，t 表示年份，n 表示行业的数量。σ_t 表示 t 年耦合协调发展水平的 σ 收敛检验系数，如果 σ_{t+T} 小于 σ_t，则耦合协调发展水平具有 T 阶段的 σ 收敛；如果所有的 σ_{t+1} 小于 σ_t，则认为耦合协调发展水平存在一致 σ 收敛。CDL_{it} 表示 i 行业 t 年工艺升级与产品升级耦合协调发展水平。

5.2.1.2 β 收敛模型

β 收敛根据经济趋同理论提出，依据是否考虑外在影响因素分为绝对 β 收敛和条件 β 收敛。

绝对 β 收敛模型。本节将绝对 β 收敛定义为在不控制外在影响因素的前提下，随着时间的推移，不同行业（省份）工艺升级与产品升级耦合协调发展水平最终收敛到相同的稳态水平。本节构建工艺升级与产品升级耦合协调发展水平的绝对 β 收敛模型，如下：

$$\frac{1}{T}(\ln CDL_{i,t+T} - \ln CDL_{i,t}) = \alpha + \beta \ln CDL_{i,t} + \varepsilon_{i,t} \qquad (5.7)$$

其中，i 表示行业，t 和 $t+T$ 分别表示样本期内的期初、期末，T 为时间跨度。α 为常数，$\beta = -\left(\dfrac{1 - e^{-\theta T}}{T}\right)$，其中，$\theta$ 为收敛速度。如果 $\theta > 0$，则 $\beta < 0$，此时意味着 $\ln CDL_{i,t}$ 与 $\ln \dfrac{CDL_{i,t+T}}{CDL_{i,t}}$ 具有反向变动关系，其意义是耦合协调发展水平的基数 $\ln CDL_{i,t}$ 越大，增长率 $\ln \dfrac{CDL_{i,t+T}}{CDL_{i,t}}$ 越小，耦合协调发展水平趋于收敛状态，即 $\beta < 0$，耦合协调发展水平存在绝对 β 收敛；如果 θ 值越大，β 的绝对值越大，这说明耦合协调发展水平的收敛速度越快。如果 $\beta > 0$，则耦合协调发展水平存在发散状态，在一定程度上说明行业（省份）间的差距具有扩大趋势。$CDL_{i,t}$ 和 $CDL_{i,t+T}$ 分别表示 i 行业期初和期末制造业工艺升级与产品升级耦合协调发展水平，$\varepsilon_{i,t}$ 为满足经典假定的随机误差项。

条件 β 收敛模型。条件 β 收敛是在绝对 β 收敛的基础上控制影响增长率的外在因素。本节将条件 β 收敛定义为在控制外在影响因素的前提下，不同行业（省份）工艺升级与产品升级耦合协调发展水平随着时间的推移最终收敛到各自的稳态水平。本节构建工艺升级与产品升级耦合协调发展水平的条件 β 收敛模型，如下：

$$\frac{1}{T}(\ln CDL_{i,t+T} - \ln CDL_{i,t}) = \alpha + \beta \ln CDL_{i,t} + \gamma \ln X_{i,t} + \varepsilon_{i,t} \qquad (5.8)$$

其中，X 表示影响增长率的其他因素，γ 是其他影响因素的系数。其他变量的含义与绝对 β 收敛模型的一致。如果 $\beta < 0$，则耦合协调发展水平存在条件 β 收敛，即各行业（省份）工艺升级与产品升级耦合协调发展水平向各自的稳态水平收敛。如果 $\beta > 0$，则耦合协调发展水平存在发散状态，在一定程度上说明各行业（省份）间耦合协调发展水平的差距具有扩大趋势。

5.2.2 变量测度和数据说明

制造业工艺升级与产品升级协调发展水平的测度和数据说明，详见第 5 章 5.1 节中的 5.1.2。根据条件 β 收敛模型可知，本节需要控制影响耦合协调发展水平的行业特征。借鉴相关文献，本节选取如下控制变量：物质资本存量（TPC），采用固定资产净值与全部从业人员年平均人数的比值表示；人力资本（THC），采用研究与发展人员全时当量与全部从业人员年平均人数的比值表示。企业规模（TIS），采用工业销售产值与企业数的比值表示；出口外向度（TIO），用出口交货值占工业销售产值比重表示；外资参与度（TFD），采用外商资本占实收资本比重表示；所有权结构（TOS），采用国家资本占实收资本比重表示。其中，物质资本存量、企业规模、所有权结构变量测度的依据和数据来源，详见第 4 章 4.2 节中的 4.2.1；而人力资本、出口外向度和外资参与度的衡量方法，则借鉴吴延兵（2006）、黄凌云等（2018）的做法，相关数据来自《中国工业经济统计年鉴》。

5.2.3 收敛性分析

本节首先运用 σ 收敛模型，基于行业层面和区域层面进行 σ 收敛分析；其次，使用绝对 β 收敛模型和条件收敛模型，基于行业层面进行 β 收敛分析；最后，利用 β 收敛的空间模型，基于区域层面进行 β 收敛分析。

5.2.3.1 σ 收敛分析

行业差异的 σ 收敛分析。图 5.5 显示了制造业分行业工艺升级与产品升级耦合协调发展水平的 σ 收敛系数。根据图 5.5 可知，样本期

2003～2014 年，制造业总体、劳动密集型制造业、资本密集型制造业和技术密集型制造业整体上均存在阶段 σ 收敛，但不存在一致 σ 收敛。具体来看，制造业总体在 2003～2009 年和 2010～2014 年，σ 收敛系数呈下降趋势，即存在一致 σ 收敛；在 2009～2010 年，σ 收敛系数呈上升趋势，即存在 σ 扩散。劳动密集型制造业在 2003～2006 年和 2007～2014 年，σ 收敛系数呈下降趋势，即存在一致 σ 收敛；在 2006～2007 年，σ 收敛系数呈上升趋势，即存在 σ 扩散。资本密集型制造业在 2003～2006 年、2007～2008 年和 2010～2011 年，σ 收敛系数呈上升趋势，即存在 σ 扩散；在 2006～2007 年、2008～2010 年和 2011～2014 年，σ 收敛系数呈下降趋势，即存在 σ 收敛。技术密集型制造业在 2003～2004 年、2009～2010 年和 2011～2012 年，σ 收敛系数呈上升趋势，即存在 σ 扩散；在 2004～2009 年、2010～2011 年和 2012～2014 年，σ 收敛系数呈下降趋势，即存在 σ 收敛。

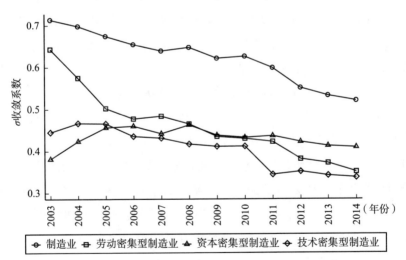

图 5.5 行业层面协调发展水平的 σ 收敛系数变化趋势

5.2.3.2 β 收敛分析

本节的研究样本为 27 个制造业细分行业 2003～2014 年的短面板数据。适用于短面板的模型估计方法包括混合回归（POLS）、固定效应（FE）和随机效应（RE）。为选取更为有效的估计方法，需要进行 F 检验、LM 检验，以检验是否存在个体效应和 Hausman 检验以判断使用 FE 模型还是 RE 模型。如果不存在个体效应，应运用 POLS 模型，否则进行 Hausman 检验；如果通过 Hausman 检验，可进一步检验是否存在时间效应，以判断使用 FE 模型还是双向固定效应（Two-way FE）模型。

基准回归结果及分析。表 5.2 显示了行业层面耦合协调发展水平的 β 收敛系数的估计结果。根据表 5.2 可知，中国制造业工艺升级和产品升级耦合协调发展存在绝对 β 收敛和条件 β 收敛。运用 POLS、RE、FE、Two-way FE 模型的估计结果均显示，耦合协调发展水平的绝对 β 收敛系数和条件 β 收敛系数均显著为负，这说明耦合协调发展存在绝对 β 收敛和条件 β 收敛，即行业间耦合协调发展水平的差距具有缩小的趋势。具体来看，在绝对收敛模型中，F 检验接受"不存在个体效应"的原假设，即认为 POLS 优于 FE；LM 检验接受"不存在个体随机效应"的原假设，即认为应该选择 POLS 而非 RE。因此，POLS 模型的估计效率较高。根据 POLS 模型的估计结果可知，β 收敛系数为负，且在 1% 的显著性水平下显著，表明中国制造业工艺升级和产品升级耦合协调发展存在绝对 β 收敛。根据新古典增长模型 β 收敛的计算公式 $|\beta| = 1 - e^{-\theta T}$（其中，$\theta$ 为收敛速度，T 为样本数据考察期的长度）可知，中国制造业工艺升级和产品升级耦合协调发展的绝对收敛速度为 0.3145%。

表5.2　行业层面协调发展水平的 β 收敛系数

变量	绝对收敛				条件收敛			
	POLS	RE	FE	Two-way FE	POLS	RE	FE	Two-way FE
β	-0.0340*** (-3.71)	-0.0340*** (-4.98)	-0.0607*** (-4.04)	-0.3286*** (-4.53)	-0.0675*** (-3.97)	-0.0675*** (-3.47)	-0.2776*** (-4.67)	-0.3809*** (-5.10)
lnTPC					0.0011 (0.06)	0.0011 (0.07)	-0.0495 (-0.72)	-0.0442 (-0.69)
lnTHC					0.0279** (2.52)	0.0279** (2.19)	0.0995** (3.80)	0.0921** (2.58)
lnTIS					0.0162 (1.32)	0.0162 (1.62)	0.0908*** (3.31)	-0.0435 (-1.17)
lnTIO					0.0112 (1.27)	0.0112 (1.34)	-0.0435 (-1.50)	0.0011 (0.03)
lnTFD					0.003 (0.43)	0.003 (0.47)	0.0525* (1.94)	-0.0046 (-0.16)
lnTOS					-0.0047 (-0.78)	-0.0047 (-0.87)	-0.0297 (-1.48)	-0.0072 (-0.48)

续表

变量	绝对收敛				条件收敛			
	POLS	RE	FE	Two-way FE	POLS	RE	FE	Two-way FE
α	0.0271** (1.98)	0.0271** (2.42)	-0.019 (-0.73)	-0.6318*** (-4.06)	0.0737 (1.56)	0.0737 (1.61)	-0.0609 (-0.18)	-0.1872 (-0.55)
F值	13.74***		16.30***	35.74***	3.84***		14.45***	28.49***
Wald-chi2		24.80***				67.43***		
R^2	0.0647	0.0647	0.0647	0.1105	0.1006	0.1006	0.0808	0.1230
F检验统计量			0.81					2.05***
LM检验统计量		0.00						
Hausman检验统计量						0.00	34.28***	
时间效应检验统计量								11.09***
N	297	297	297	297	297	297	297	297

注：括号内数值为 t 值或 z 值，*、** 和 *** 分别表示在 10%、5% 和 1% 的显著性水平下显著。

在条件收敛模型中，F 检验拒绝"不存在个体效应"的原假设，即认为 FE 优于 $POLS$；LM 检验接受"不存在个体随机效应"的原假设，即认为应该选择 $POLS$ 而非 RE；$Hausman$ 检验拒绝"个体效应与回归变量无关"的原假设，即应该使用 FE 而非 RE；时间效应检验拒绝"无时间效应"的原假设，认为应该在模型中包括时间效应。因此，$Two\text{-}way\ FE$ 模型的估计效率较高。与绝对收敛模型中的 $POLS$ 模型相比，条件收敛模型中的 $Two\text{-}way\ FE$ 模型的拟合优度的判定系数 R^2 较大，表明条件收敛模型比绝对收敛模型更具有解释能力。根据 $Two\text{-}way\ FE$ 模型的估计结果可知，β 收敛系数为负，且在 1% 的显著性水平下显著，表明中国制造业工艺升级和产品升级耦合协调发展存在条件 β 收敛，在一定程度上说明中国制造业工艺升级和产品升级耦合协调发展随着时间的推移最终会收敛到各自的稳态水平。根据新古典增长模型 β 收敛的计算公式可知，中国制造业工艺升级和产品升级耦合协调发展的条件收敛速度为 4.3591%。

在控制变量中，人力资本是制造业工艺升级和产品升级耦合协调发展收敛的首要影响因素。具体来看，人均物质资本（$\ln TPC$）、企业规模（$\ln TIS$）、外资参与度（$\ln TFD$）和所有权结构（$\ln TOS$）的估计系数均不显著为负，表明人均物质资本存量、企业规模、外资参与度和所有权结构不利于制造业工艺升级和产品升级耦合协调发展收敛；出口外向度（$\ln TIO$）的估计系数不显著为正，而人力资本存量（$\ln THC$）的估计系数显著为正，表明出口外向度和人力资本存量有利于制造业工艺升级和产品升级耦合协调发展收敛。

分行业回归结果及分析。由于中国制造业各行业间要素密集度存在较大差异，因此，不同要素密集度行业的工艺升级与产品升级协调发展的收敛性可能存在差异。为此，本节参考阳立高等（2014）基于要素密集度对制造业的分类，将行业分成劳动密集型制造业、资本密集型制造业和技术密集型制造业三种，并运用可行广义最小二乘法分别进行回归，回归结果见表5.3。表5.3显示了分行业耦合协调发展水平的 β 收敛系数的估计结果。根据表 5.3 可知，中国劳动密集型制造业、资本密集型制造业和技术密集型制造业工艺升级和产品升级耦合协调发展均存在绝对 β 收敛和条件 β 收敛。劳动密集型制造业、资本密集型制造业和技术密集型制造业的绝对 β 收敛系数和条件 β 收敛系数均在 1% 显著性水平下显著为负。但是，中国劳动密集型制造业、资本密集型制造业和技术密集型制造业工艺升级和产品升级耦合协调发展的绝对收敛速度和相对收敛速度存在差异。根据新古典增长模型 β 收敛的计算公式可得，中国劳动密集型制造业、资本密集型制造业和技术密集型制造业工艺升级和产品升级耦合协调发展的绝对收敛速度分别为 6.1245%、16.9545% 和 2.7991%；条件收敛速度分别为 6.8155%、14.4336% 和 4.4473%。可能原因在于考察期内中国劳动密集型制造业大多向资本密集型制造业转型，而技术密集型制造业相对落后。

表 5.3　　　　　　　　　分行业协调发展水平的 β 收敛系数

变量	绝对收敛			条件收敛		
	劳动密集型制造业	资本密集型制造业	技术密集型制造业	劳动密集型制造业	资本密集型制造业	技术密集型制造业
β	-0.4902^{***} (-28.27)	-0.8451^{***} (-16.28)	-0.2650^{***} (-2.88)	-0.5275^{***} (-34.35)	-0.7956^{***} (-15.60)	-0.3869^{***} (-4.10)
$\ln TPC$				-0.1320^{***} (-11.88)	0.1300^{***} (3.65)	0.0374 (0.68)
$\ln THC$				-0.0152^{***} (-6.09)	0.0472^{***} (2.68)	0.0233 (0.56)
$\ln TIS$				-0.0976^{***} (-23.54)	0.0803^{***} (3.95)	0.0084 (0.12)
$\ln TIO$				-0.1765^{***} (-45.31)	0.0202^{***} (2.61)	-0.0571^{**} (-1.97)
$\ln TFD$				0.1091^{***} (28.82)	0.0164 (1.32)	0.0361 (1.47)

变量	绝对收敛			条件收敛		
	劳动密集 型制造业	资本密集 型制造业	技术密集 型制造业	劳动密集 型制造业	资本密集 型制造业	技术密集 型制造业
lnTOS				0.0261 *** (16.03)	− 0.0640 *** (− 9.92)	− 0.0582 *** (− 3.50)
$YEAR$	0.0530 *** (37.04)	0.0654 *** (13.99)	0.0165 ** (2.26)	0.0594 *** (31.01)	0.0375 *** (9.37)	0.0195 ** (2.35)
α	− 107.3734 *** (− 36.98)	− 132.9195 *** (− 14.03)	− 33.3268 ** (− 2.26)	− 119.9346 *** (− 31.17)	− 77.1379 *** (− 9.50)	− 39.7183 ** (− 2.37)
Wald-chi2	1 549.52 ***	299.66 ***	12.96 *	29 735.36 ***	657.63 ***	42.08 ***
组间异方差检验统计量	91.75 ***	43.73 ***	7.16	35.62 ***	59.65 ***	5.9
组内自相关检验统计量	13.671 ***	25.801 ***	25.652 ***	11.072 ***	16.16 ***	52.181 ***
组间同期相关 检验统计量	6.486 ***	4.084 ***	4.086 ***	4.823 ***	3.87 ***	2.675 ***
N	132	99	66	132	99	66

注：括号内数值为 z 值，*、** 和 *** 分别表示在 10%、5% 和 1% 的显著性水平下显著。

5.2.4 稳健性检验

为了进一步检验研究结果的稳健性，考虑到 2008 年全球金融危机对中国工艺升级和产品升级耦合协调发展水平可能造成影响，因此本节以 2008 年为界，分别对 2003～2008 年和 2009～2014 年两个时间阶段进行 β 收敛检验，稳健性检验结果见表 5.4。表 5.4 显示了行业层面工艺升级和产品升级耦合协调收敛性的稳健性检验结果。根据表 5.4 可知，2003～2008 年和 2009～2014 年这两个时间阶段的收敛系数均显著为负，表明中国工艺升级和产品升级耦合协调发展在这两个时间阶段内存在绝对 β 收敛和条件 β 收敛，这说明本部分的回归结果具有稳健性。

表 5. 4 行业层面稳健性检验结果

变量	2003～2008 年		2009～2014 年	
	绝对收敛	条件收敛	绝对收敛	条件收敛
	Two-way FE	*Two-way FE*	*POLS*	*POLS*
β	-0.7565^{***} (-9.77)	-0.7821^{***} (-11.90)	-0.0481^{***} (-3.73)	-0.0550^{**} (-2.37)
控制变量	否	是	否	是
α	-1.5604^{***} (-9.45)	-1.3279^{**} (-2.53)	0.0143 (0.88)	0.0657 (0.95)
F 值	50.42^{***}	36.99^{***}	13.92^{***}	3.54^{***}
R^2	0.0478	0.0393	0.1148	0.1545
F 检验统计量	1.45^*	4.39^{***}	1.22	1.27
LM 检验统计量	0.00	0.00	0.00	0.00
Hausman 检验统计量	20.07^{***}	56.55^{***}		
时间效应检验统计量	20.89^{***}	5.89^{***}		
N	135	135	135	135

注：括号内数值为 t 值或 z 值，* 、** 和 *** 分别表示在 10%、5% 和 1% 的显著性水平下显著。

5.3 中国省际工艺升级与产品升级协调发展的空间收敛性分析

5.3.1 空间收敛模型概述

5.3.1.1 σ 收敛模型

本节将 σ 收敛定义为不同省份工艺升级与产品升级耦合协调发展

水平差异性随着时间的推移逐渐减小的趋势，反映其偏离整体平均水平的差异。如果不同省份工艺升级与产品升级耦合协调发展水平的差距缩小，那么就存在 σ 收敛，否则不存在 σ 收敛。本节构建工艺升级与产品升级耦合协调发展水平的 σ 收敛模型，如下：

$$\sigma_t = \sqrt{\frac{1}{n}\sum_{i=1}^{n}\left(\ln CDL_{it} - \frac{1}{n}\sum_{i=1}^{n}\ln CDL_{it}\right)^2} \qquad (5.9)$$

其中，i 表示省份，t 表示年份，n 表示省份的数量。σ_t 表示 t 年耦合协调发展水平的 σ 收敛检验系数，如果 σ_{t+T} 小于 σ_t，则耦合协调发展水平具有 T 阶段的 σ 收敛；如果所有的 σ_{t+1} 小于 σ_t，则认为耦合协调发展水平存在一致 σ 收敛。CDL_{it} 表示 i 省份 t 年工艺升级与产品升级耦合协调发展水平。

5.3.1.2 β 收敛模型

β 收敛的空间自回归模型。本节在传统的绝对 β 收敛模型和条件 β 收敛模型的基础上，考虑空间效应的影响，建立绝对 β 收敛空间自回归模型（Spatial Autoregression，SAR）和条件 β 收敛 SAR 模型（肖磊等，2018）。其中，绝对 β 收敛 SAR 模型，如下：

$$\frac{1}{T}(\ln CDL_{i,t+T} - \ln CDL_{i,t}) = \alpha I + \beta \ln CDL_{i,t} + \rho W(\ln CDL_{i,t+T} - \ln CDL_{i,t}) + \varepsilon_{i,t}$$

$$(5.10)$$

其中，i 表示省份，I 表示空间单位向量；W 表示空间权重矩阵；ρ 表示空间自回归系数，用来衡量相邻省份工艺升级和产品升级耦合协调发展水平的变动对其他省份的影响程度。其他变量的含义与绝对 β 收敛模型的一致。如果 $\beta < 0$，耦合协调发展水平存在空间绝对 β 收敛。如果 $\beta > 0$，则耦合协调发展水平存在发散状态，即不存在空间绝对 β 收敛，在一定程度上说明省份间耦合协调发展水平的差距具有扩大趋势。

在绝对 β 收敛 SAR 模型的基础上加入影响增长率的外在因素，可以得到条件 β 收敛 SAR 模型，如下：

$$\frac{1}{T}(\ln CDL_{i,t+T} - \ln CDL_{i,t}) = \alpha I + \beta \ln CDL_{i,t} + \rho W(\ln CDL_{i,t+T} - \ln CDL_{i,t})$$

$$+ \gamma \ln X_{i,t} + \varepsilon_{i,t} \qquad (5.11)$$

其中，X 表示影响增长率的其他因素，γ 是其他影响因素的系数。其他变量的含义与绝对 β 收敛空间自回归模型的一致。如果 $\beta < 0$，则耦合协调发展水平存在空间条件 β 收敛，即各省份工艺升级与产品升级耦合协调发展水平向各自的稳态水平收敛。如果 $\beta > 0$，则耦合协调发展水平存在发散状态，即不存在空间条件 β 收敛，在一定程度上说明省份间耦合协调发展水平的差距具有扩大趋势。

β 收敛的空间误差模型。本节在传统的绝对 β 收敛模型和条件 β 收敛模型的基础上，考虑到个别省份的空间相关性，建立绝对 β 收敛空间误差模型（Spatial Errors Model，SEM）和条件 β 收敛 SEM 模型。其中，绝对 β 收敛 SEM 模型，如下：

$$\frac{1}{T}(\ln CDL_{i,t+T} - \ln CDL_{i,t}) = \alpha I + \beta \ln CDL_{i,t} + \varepsilon_{i,t}, \quad \varepsilon_{i,t} = \lambda W \varepsilon_0 + \mu_{i,t}$$

$$(5.12)$$

其中，λ 表示其他省份工艺升级和产品升级耦合协调发展水平的随机扰动项对本省工艺升级和产品升级耦合协调发展水平增长率的影响。如果 $\lambda < 0$，表示其他省份的扰动项对本省工艺升级和产品升级耦合协调发展水平增长率产生负面影响，即存在负的空间效应；反之，则存在正的空间效应。如果 $\beta < 0$，则耦合协调发展水平存在空间绝对 β 收敛，即工艺升级与产品升级耦合协调发展水平高的地区的增长率小于水平低的地区。如果 $\beta > 0$，则耦合协调发展水平存在发散状态，即不存在空间绝对 β 收敛，在一定程度上说明省份间耦合协调发展水平的差距具有扩大趋势。

在绝对 β 收敛 SEM 模型的基础上加入影响增长率的外在因素，可以得到条件 β 收敛 SEM 模型，如下：

$$\frac{1}{T}(\ln CDL_{i,t+T} - \ln CDL_{i,t}) = \alpha I + \beta \ln CDL_{i,t} + \gamma \ln X_{i,t} + \varepsilon_{i,t}, \quad \varepsilon_{i,t} = \lambda W \varepsilon_0 + \mu_{i,t}$$

$$(5.13)$$

其中，X 表示影响增长率的其他因素，γ 是其他影响因素的系数。其他变量的含义与绝对 β 收敛空间误差模型的一致。如果 $\beta < 0$，则耦合协调发展水平存在空间条件 β 收敛，即工艺升级与产品升级耦合协调发展水平高的地区的增长率小于水平低的地区。如果 $\beta > 0$，则耦合协调发展水平存在发散状态，即不存在空间条件 β 收敛，在一定程度上说明省份间耦合协调发展水平的差距具有扩大趋势。

5.3.2　变量测度和数据说明

区域工艺升级与产品升级协调发展水平的测度和数据说明，详见第 5 章 5.1 节中的 5.1.2。根据条件 β 收敛模型可知，本节需要控制影响耦合协调发展水平的区域特征。借鉴相关文献，本节选取如下控制变量：物质资本存量（TPC），采用固定资产净值与全部从业人员年平均人数的比值表示；人力资本（THC），采用研究与发展人员全时当量与全部从业人员年平均人数的比值表示；企业规模（TIS），采用工业销售产值与企业数的比值表示；出口外向度（TIO），采用出口交货值占工业销售产值比重表示；外资参与度（TFD），采用外商资本占实收资本比重表示所有权结构（TOS），采用国家资本占实收资本比重表示。变量测度的依据和数据来源，详见第 5 章 5.2 节中的 5.2.2。

5.3.3　空间收敛性分析

为了进一步考察中国工艺升级与产品升级耦合协调发展水平区域差异性的收敛性，本节运用空间收敛模型实证分析其区域差异收敛性。这在一定程度上有利于为区域协调发展战略和推动产业升级提供更多方向性指导。

5.3.3.1 σ收敛分析

本节根据 σ 收敛模型测算了中国整体及分区域工艺升级与产品升级耦合协调发展水平的 σ 收敛系数，并绘制成折线图考察其变化趋势，如图 5.6 所示。

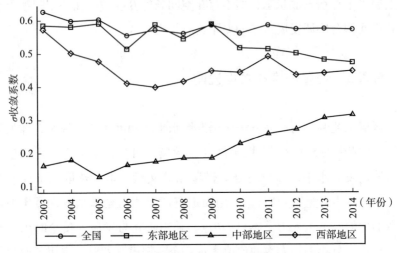

图 5.6　区域层面协调发展水平的 σ 收敛系数变化趋势

图 5.6 显示了中国整体及分区域工艺升级与产品升级耦合协调发展水平的 σ 收敛系数的变化趋势。根据图 5.6 可知，在样本期 2003 ~ 2014 年，全国层面、东部地区、中部地区和西部地区均未呈现一致 σ 收敛，而呈现阶段 σ 收敛。具体来看，全国层面在样本考察期内，相邻年份的 σ 收敛系数呈现 "下降—上升" "上升—下降" 的趋势，但整体上呈波动下降趋势，如 σ 收敛系数从 2003 年的 0.6265 下降到 2014 年的 0.5728。东部地区在 2003 ~ 2010 年，相邻年份的 σ 收敛系数呈现 "下降—上升" "上升—下降" 的趋势，但整体上呈波动下降趋势如 σ 收敛系数从 2003 年的 0.5851 下降到 2010 年的 0.5174，即

存在阶段 σ 收敛；在 2009 ~ 2014 年，σ 收敛系数呈下降趋势，即存在一致 σ 收敛。中部地区仅在 2004 ~ 2005 年存在阶段 σ 收敛，σ 收敛系数从 2004 年的 0.1804 下降到 2005 年的 0.1292；2003 ~ 2004 年和 2005 ~ 2014 年，σ 收敛系数呈上升趋势，即不存在 σ 收敛。西部地区在 2003 ~ 2007 年和 2013 ~ 2014 年，σ 收敛系数呈下降趋势，即存在一致 σ 收敛；2007 ~ 2009 年，σ 收敛系数呈上升趋势，即不存在 σ 收敛；2009 ~ 2013 年，"下降—上升""上升—下降"的趋势，即存在阶段 σ 收敛。

5.3.3.2 空间相关性检验

为了确保运用 β 收敛的空间模型估计的区域工艺升级和产品升级耦合协调发展水平收敛性具有较高的效率，本节首先使用 $Moran's\ I$ 指数和 $Moran's\ I$ 指数散点图分别分析工艺升级和产品升级耦合协调发展水平的全域空间相关性和局部空间相关性。

$Moran's\ I$ 指数检验邻近地区间是空间正相关、空间负相关还是相互独立的。工艺升级和产品升级耦合协调发展水平 $Moran's\ I$ 指数的计算公式，如下：

$$I = \frac{n \sum\limits_{i=1}^{n} \sum\limits_{j=1}^{n} w_{ij} \left(CDL_i - \frac{1}{n} \sum\limits_{i=1}^{n} CDL_i \right)}{\sum\limits_{i=1}^{n} \sum\limits_{j=1}^{n} w_{ij} \left(CDL_i - \frac{1}{n} \sum\limits_{i=1}^{n} CDL_i \right)^2} = \frac{n}{\sum\limits_{i=1}^{n} \left(x_i - \frac{1}{n} \sum\limits_{i=1}^{n} CDL_i \right)^2}$$

$$\times \frac{\sum\limits_{i=1}^{n} \sum\limits_{j\neq1}^{n} w_{ij} \left(CDL_i - \frac{1}{n} \sum\limits_{i=1}^{n} CDL_i \right) \left(CDL_j - \frac{1}{n} \sum\limits_{i=1}^{n} CDL_i \right)}{\sum\limits_{i=1}^{n} \sum\limits_{j=1}^{n} w_{ij}} \tag{5.14}$$

其中，i 和 j 均表示省份，n 表示省份的数量。w_{ij} 是空间权重，如果省份 i 和省份 j 相邻时，$w_{ij} = 1$；如果省份 i 和省份 j 不相邻时，$w_{ij} = 0$。CDL_i 和 CDL_j 分别表示省份 i 和省份 j 工艺升级与产品升级的耦合协调发展水平。I 表示耦合协调发展水平的 $Moran's\ I$ 指数，$I \in [-1, 1]$，

如果 $0 < I \leqslant 1$，表示空间正相关，接近于 1 时表明高值与高值相邻，低值与低值相邻；如果 $-1 \leqslant I \leqslant 0$，表示空间负相关，接近于 -1 时表明高值与低值相邻，低值与高值相邻；如果 $I = 0$，表示不存在空间相关性或空间独立分布，接近于 0 时表明空间分布是随机的；如果 I 的绝对值越大，则空间相关程度越大，反之，则越小。

根据 $Moran's\ I$ 指数的计算公式，本节分别测算了空间邻接权重和地理距离权重下中国省域工艺升级和产品升级耦合协调发展水平的 $Moran's\ I$ 指数，结果如表 5.5 所示。根据表 5.5 可知，两种权重矩阵下，中国工艺升级和产品升级耦合协调发展水平的 $Moran's\ I$ 指数均为正，并通过至少 5% 水平的显著性检验，表明中国工艺升级和产品升级耦合协调发展在空间上存在正相关关系，即各省工艺升级和产品升级耦合协调发展会受到邻近省份的影响。从 $Moran's\ I$ 指数的变化趋势看，两种空间权重下，2003～2008 年 $Moran's\ I$ 指数均存在波动趋势，2009～2016 年均呈逐年增加趋势。这说明 2003～2008 年空间相关程度具有不稳定趋势，而 2009～2014 年空间相关程度逐渐变大。综上可知，本节运用 β 收敛的空间自回归模型和 β 收敛的空间误差模型，而非传统的 β 收敛模型，估计的区域工艺升级和产品升级耦合协调发展水平收敛性具有较高的效率。这说明耦合协调发展水平较高的省份，与其他耦合协调发展水平较高的省份相邻；耦合协调发展水平较低的省份，与其他耦合协调发展水平较低的省份相邻。

表 5.5　　　　　区域层面协调发展水平 $Moran's\ I$ 指数值

空间权重	年份	I	$E(I)$	$sd(I)$	z	P 值
空间邻接权重	2003	0.277	-0.034	0.122	2.562	0.010
	2004	0.264	-0.034	0.122	2.44	0.015
	2005	0.26	-0.034	0.123	2.396	0.017
	2006	0.304	-0.034	0.123	2.749	0.006

空间权重	年份	I	$E(I)$	$sd(I)$	z	P 值
空间邻接权重	2007	0.242	−0.034	0.123	2.252	0.024
	2008	0.259	−0.034	0.122	2.396	0.017
	2009	0.223	−0.034	0.122	2.11	0.035
	2010	0.256	−0.034	0.123	2.371	0.018
	2011	0.294	−0.034	0.121	2.707	0.007
	2012	0.349	−0.034	0.122	3.132	0.002
	2013	0.365	−0.034	0.123	3.256	0.001
	2014	0.392	−0.034	0.123	3.475	0.001
地理距离权重	2003	0.117	−0.034	0.036	4.243	0.000
	2004	0.110	−0.034	0.036	4.022	0.000
	2005	0.112	−0.034	0.036	4.042	0.000
	2006	0.115	−0.034	0.036	4.134	0.000
	2007	0.105	−0.034	0.036	3.861	0.000
	2008	0.102	−0.034	0.036	3.797	0.000
	2009	0.096	−0.034	0.036	3.632	0.000
	2010	0.098	−0.034	0.036	3.689	0.000
	2011	0.112	−0.034	0.036	4.103	0.000
	2012	0.123	−0.034	0.036	4.383	0.000
	2013	0.128	−0.034	0.036	4.518	0.000
	2014	0.131	−0.034	0.036	4.583	0.000

　　本节采用 *Moran's I* 散点图进一步考察中国工艺升级和产品升级耦合协调发展水平的局部空间相关性。图 5.7 显示了中国省域 2003 年、2008 年、2009 年和 2014 年 *Moran's I* 散点图，而表 5.6 进一步显示了

Moran's I 散点图的解析。根据图 5.7 和表 5.6 可知，在 2003 年、2008 年、2009 年和 2014 年，大部分省份位于第一象限（*HH* 型集聚区）和第三象限（*LL* 型集聚区），表明具有正的相关性和空间集聚性；少部分省份位于第二象限（*LH* 型集聚区）和第四象限（*HL* 型集聚区），表明具有负的相关性和空间离群性。具体来看，北京、天津、河北、上海、江苏、浙江、福建、山东、安徽、河南、湖北和湖南位于 *HH* 型集聚区；海南和江西位于 *LH* 型集聚区；山西、吉林、内蒙古、广西、贵州、云南、甘肃、青海、宁夏和新疆位于 *LL* 型集聚区；辽宁、广东和四川位于 *HL* 型集聚区。重庆位于 *HH* 型集聚区或 *HL* 型集聚区；陕西和黑龙江位于 *LL* 型集聚区或 *HL* 型集聚区。上述分析表明，中国工艺升级和产品升级耦合协调发展指数的空间分布，存在 *HH* 型的空间集聚模式和 *LL* 型的空间集聚模式的正向空间相关性。综上可知，如果忽略空间效应因素的影响，会造成 β 收敛模型的估计结果有偏。

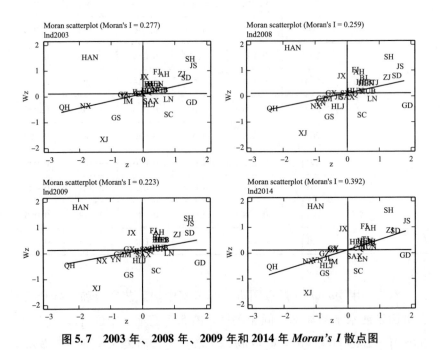

图 5.7　2003 年、2008 年、2009 年和 2014 年 *Moran's I* 散点图

表 5.6   *Moran's I* 指数散点图解析

区间	2003 年	2008 年	2009 年	2014 年
第一象限	北京、天津、河北、上海、江苏、浙江、福建、山东、安徽、河南、湖北、湖南、重庆	北京、天津、河北、上海、江苏、浙江、福建、山东、安徽、河南、湖北、湖南	北京、天津、河北、上海、江苏、浙江、福建、山东、安徽、河南、湖北、湖南	北京、天津、河北、上海、江苏、浙江、福建、山东、安徽、河南、湖北、湖南、重庆
第二象限	海南、江西	海南、江西	海南、江西	海南、江西
第三象限	山西、吉林、内蒙古、广西、贵州、云南、甘肃、青海、宁夏、新疆	山西、吉林、内蒙古、广西、贵州、云南、甘肃、青海、宁夏、新疆、陕西、黑龙江、	山西、吉林、内蒙古、广西、贵州、云南、甘肃、青海、宁夏、新疆、陕西、黑龙江、	山西、吉林、内蒙古、广西、贵州、云南、甘肃、青海、宁夏、新疆、黑龙江、
第四象限	辽宁、广东、四川、陕西、黑龙江	辽宁、广东、四川、重庆	辽宁、广东、四川、重庆	辽宁、广东、四川、陕西

5.3.3.3 β 收敛分析

根据上述 *Moran's I* 指数和 *Moran's I* 指数散点图的分析，本节应该运用 β 收敛空间模型考察中国工艺升级和产品升级耦合协调发展水平的 β 收敛性。在进行回归之前，本节首先进行面板单位根检验。面板单位单位根检验的方法有较多种，本节选取费雪式检验方法进行检验，检验结果均拒绝面板包含单位根的原假设，因为本节认为面板为平稳过程。通过计算方差膨胀因子发现，变量间不存在严重的多重共线性，并且为了减弱异方差和自相关的影响，本节运用聚类稳健标准误。

表 5.7 显示了中国工艺升级和产品升级耦合协调发展水平的绝对 β 收敛结果。需要说明的是，第（1）~（8）列是本节根据拉格朗日乘数检验和 *Hausman* 检验结果选取的较好刻画中国工艺升级和产品升级耦合协调发展绝对 β 收敛的估计结果。第（1）~（4）列是空间邻接权重下的估计结果，其中第（1）列为全国整体 *SEM* 模型的固定效应估计结果；

表5.7 区域层面协调发展水平的绝对 β 收敛系数

变量	空间邻接权重				地理距离权重			
	全国层面	东部地区层面	中部地区层面	西部地区层面	全国层面	东部地区层面	中部地区层面	西部地区层面
	SEM FE	SAR FE	SAR FE	SEM FE	SEM FE	SAR FE	SEM FE	SAR FE
	(1)	(2)	(3)	(4)	(5)	(6)	(7)	(8)
β	-0.1412*** (-4.93)	-0.1052*** (-3.74)	-0.0937** (-2.43)	-0.1931*** (-2.99)	-0.4922*** (-5.21)	-0.1057*** (-3.26)	-0.1007** (-2.12)	-0.1718*** (-4.55)
ρ		-0.0454 (-0.48)	-0.0396*** (-2.58)			-0.0534 (-0.35)		-0.1786 (-1.05)
λ	0.1520* (1.83)			0.1781 (1.22)	0.8553*** (23.40)		0.0862 (1.00)	
sigma2_e	0.0087*** (7.06)	0.0077*** (3.30)	0.0069*** (4.63)	0.0109*** (6.69)	0.0071*** (6.44)	0.0077*** (3.28)	0.0068*** (4.72)	0.0110*** (6.19)
LogL	314.5439	123.0013	94.2966	101.1981	333.8117	122.9505	94.3589	100.9689
R^2	0.0362	0.0598	0.0169	0.0807	0.0362	0.0599	0.0163	0.0783

续表

变量	空间邻接权重				地理距离权重			
	全国层面	东部地区层面	中部地区层面	西部地区层面	全国层面	东部地区层面	中部地区层面	西部地区层面
	SEM	*SAR*	*SAR*	*SEM*	*SEM*	*SAR*	*SEM*	*SAR*
	FE	*FE*	*FE*	*FE*	*FE*	*FE*	*FE*	*FE*
	(1)	(2)	(3)	(4)	(5)	(6)	(7)	(8)
Hausman 检验统计量	22.16***	7.2***	10.92***	6.26**	75.14***	6.9***	5.87**	12.89***
LM - lag Robust	0.2050	0.2388	0.1818	0.0675	1.5227	0.1749	0.0048	0.8742
LM - lag	57.7616***	15.6021***	10.2266***	44.7602***	70.9254***	16.9675***	8.5586***	52.6012***
LM - error Robust	3.1334*	0.0033	0.0049	0.9521	16.9452***	0.0834	0.2875	0.7543
LM - error	60.6900***	15.3665***	10.0497***	45.6448***	86.3478***	16.876***	8.8412***	52.4813***
N	330	121	88	121	330	121	88	121

注：括号内数值为 z 值，*、**和***分别表示在 10%、5%和 1% 的显著性水平下显著。

第（2）列为东部地区 *SAR* 模型的固定效应估计结果；第（3）列为中部地区 *SAR* 模型的固定效应估计结果；第（4）列为西部地区 *SEM* 模型的固定效应估计结果。第（5）~（8）列是地理距离权重下的估计结果，其中第（5）列为全国整体 *SEM* 模型的固定效应估计结果；第（6）列为东部地区 *SAR* 模型的固定效应估计结果；第（7）列为中部地区 *SEM* 模型的固定效应估计结果；第（8）列为西部地区 *SAR* 模型的固定效应估计结果。具体分析如下：

全国层面、东部地区层面、中部地区层面和西部地区层面省际工艺升级和产品升级协调发展存在绝对 β 收敛，绝对收敛速度存在差异。从全国整体层面看，无论运用空间邻接权重还是地理距离权重，绝对 β 收敛系数均为负，且在 1% 的显著性水平下显著，表明中国省际工艺升级和产品升级协调发展存在绝对 β 收敛，在一定程度上说明中国各省的工艺升级和产品升级协调发展水平能够收敛到相同的稳态水平。进一步分析可知，中国省际工艺升级与产品升级协调发展水平在采用不同的空间权重矩阵对应的绝对收敛速度和半生命周期存在差异。空间邻接权重下中国省际工艺升级与产品升级协调发展的空间效应为正且通过了显著性检验，其绝对收敛速度为 0.38%，对应的半生命周期为 182.39 年；地理距离权重下工艺升级与产品升级协调发展的空间效应为正且通过了显著性检验，其绝对收敛速度为 6.16%，对应的半生命周期为 11.25 年。综上可知，在考虑了地理距离对空间外溢影响的情况下，绝对收敛速度明显加快，使得工艺升级与产品升级协调发展水平趋同效应更加明显。主要原因在于：一方面地理距离权重下的空间自回归系数较大且其显著性较强；另一方面地理距离对空间外溢的影响更加减弱省际研发创新政策和产品需求的差异性，提高省际相互影响的可能性。

从分地区层面看，无论运用空间邻接权重还是地理距离权重，东部地区、中部地区和西部地区的绝对 β 收敛系数均为负，且至少在 5% 的显著性水平下显著，表明东部地区、中部地区和西部地区工艺升级和产品升级协调发展均存在绝对 β 收敛，在一定程度上说明中国各省的工艺升级和产品升级协调发展水平能够收敛到相同的稳态水平。这与中国政府提出西部大开发战略、中部地区崛起战略、东北振兴战略和东部地区率先发展战略等区域协调发展战略有关。进一步分析可知，空间邻接权重下东部地区、中部地区和西部地区的绝对收敛速度分别为 1.01%、0.89% 和 1.95%，对应的半生命周期分别为 68.62 年、77.88 年和 35.54 年；地理邻接权重下东部地区、中部地区和西部地区的绝对收敛速度分别为 1.02%、0.96% 和 1.71%，对应的半生命周期分别为 67.95 年、72.20 年和 40.53 年。西部地区绝对收敛速度最快，东部地区次之，中部地区最慢。可能原因在于：一方面东部地区和中部地区的空间自回归系数为负，使得东部地区和西部地区省际工艺升级与产品升级协调发展的收敛速度降低，收敛周期有所加长，而西部地区的空间自回归系数为正，加速了其绝对收敛速度，缩短了收敛周期；另一方面西部地区省际工艺升级与产品升级协调发展的差距较大，随着西部大开发战略和对外开放政策的实施，西部地区研发资源不断增加，同时伴随东部地区的产业转移，推动了西部地区产品质量和技术复杂度的提升，缩小了西部地区工艺升级和产品升级协调发展水平的差距，提高了其收敛速度。而东部地区和中部地区省际工艺升级和产品升级协调发展水平差距较小，导致其收敛速度较低。

对比全国整体层面和分地区层面的估计结果可知，全国层面、东部地区层面、中部地区层面和西部地区层面省际工艺升级和产品升级协调发展的绝对收敛速度存在差异，全国的绝对收敛速度相对较缓慢。在一定程度上说明中国工艺升级与产品升级协调发展落后省份追赶上发达省份需要较长的时间，而区域内省份达到相同水平需要较短的时间。这与中国区域发展存在不平衡特征有关，中国各省份间的经济差距较大，而区域内省份间的经济差距相对较小。东部地区省份具有明显的区位优势，能够获得较多的研发资金和研发劳动力进行工艺升级，从而促进产品质量和产品技术复杂度进一步提升。为了提升资源利用率和维持市场竞争力，东部地区省份会不断增加研发资金促进工艺升级，从而促进其工艺升级和产品升级协调发展，而中西部地区省份往往因缺乏研发资金无法促进其工艺升级和产品升级协调发展。

表 5.8 显示了中国工艺升级和产品升级耦合协调发展水平的条件 β 收敛结果。需要说明的是，第（1）~（8）列均是本节根据拉格朗日乘数检验和 Hausman 检验结果选取的较好刻画中国分区域工艺升级和产品升级耦合协调发展绝对 β 收敛的估计结果。第（1）~（4）列是空间邻接权重下的估计结果，其中第（1）列为全国整体 SEM 模型的固定效应估计结果；第（2）列为东部地区 SAR 模型的随机效应估计结果；第（3）列为中部地区 SEM 模型的固定效应估计结果；第（4）列为西部地区 SEM 模型的固定效应估计结果。第（5）~（8）列是地理距离权重下的估计结果，其中第（5）列为全国整体 SEM 模型的固定效应估计结果；第（6）列为东部地区 SAR 模型的随机效应估计结果；第（7）列为中部地区 SEM 模型的固定效应估计结果；第（8）列为西部地区 SEM 模型的固定效应估计结果。具体分析，如下：

全国层面、东部地区层面、中部地区层面和西部地区层面省际工艺升级和产品升级协调发展存在条件 β 收敛，条件收敛速度存在差异。从全国整体层面看，无论运用空间邻接权重还是地理距离权重，条件 β 收敛系数均为负，且在 1% 的显著性水平下显著，表明中国省际工艺升级和产品升级协调发展存在条件 β 收敛，在一定程度上说明中国各省的工艺升级和产品升级协调发展水平会趋向于各自的稳态水平。进一步分析可知，中国省际工艺升级与产品升级协调发展水平在采用不同的空间权重矩阵对应的条件收敛速度和半生命周期存在差异。空间邻接权重下中国省际工艺升级与产品升级协调发展的空间效应为正且通过了显著性检验，其条件收敛速度为 3.65%，对应的半生命周期为 18.99 年；地理距离权重下工艺升级与产品升级协调发展的空间效应为正且通过了显著性检验，其条件收敛速度为 7.06%，对应的半生命周期为 9.82 年。

从分地区层面看，无论运用空间邻接权重还是地理距离权重，东部地区、中部地区和西部地区的绝对 β 收敛系数均为负，且至少在 5% 的显著性水平下显著，表明东部地区、中部地区和西部地区工艺升级和产

表5.8 区域层面协调发展水平的条件 β 收敛系数

变量	空间邻接权重				地理距离权重			
	全国层面	东部地区层面	中部地区层面	西部地区层面	全国层面	东部地区层面	中部地区层面	西部地区层面
	SEM	SAR	SEM	SEM	SEM	SAR	SEM	SEM
	FE	RE	FE	FE	FE	RE	FE	FE
	(1)	(2)	(3)	(4)	(5)	(6)	(7)	(8)
β	-0.3306^{***} (−4.99)	-0.0850^{***} (−3.25)	-0.2283^{**} (−2.48)	-0.5342^{***} (−5.01)	-0.5402^{***} (−5.60)	-0.0845^{***} (−3.22)	-0.2332^{**} (−2.34)	-0.5521^{***} (−4.48)
$\ln TPC$	0.0174 (0.99)	−0.0393 (−1.21)	0.0031 (0.30)	0.1508 (1.59)	0.0115 (0.82)	−0.0385 (−1.17)	0.004 (0.37)	0.132 (1.38)
$\ln THC$	0.0913^{***} (5.15)	0.0422^{***} (2.91)	0.0356 (0.47)	0.1388^{**} (2.38)	0.0713^{***} (3.97)	0.0426^{***} (3.03)	0.0332 (0.43)	0.1391^{**} (2.38)
$\ln TIS$	0.1067^{*} (1.68)	−0.0084 (−0.20)	0.0446 (0.79)	0.2314^{*} (1.75)	0.022 (0.29)	−0.0087 (−0.20)	0.0454 (0.78)	0.2512^{*} (1.76)
$\ln TIO$	0.0018 (0.17)	0.0081 (0.62)	0.0362 (1.52)	0.0113 (1.05)	0.0034 (0.35)	0.0077 (0.59)	0.0376 (1.55)	0.0072 (0.69)
$\ln TFD$	−0.002 (−0.16)	−0.0002 (−0.01)	-0.0354^{**} (−2.14)	0.0282 (1.34)	−0.0179 (−1.37)	−0.0001 (−0.00)	-0.0383^{**} (−2.42)	0.0297 (1.64)

续表

变量	空间邻接权重				地理距离权重			
	全国层面	东部地区层面	中部地区层面	西部地区层面	全国层面	东部地区层面	中部地区层面	西部地区层面
	SEM FE	SAR RE	SEM FE	SEM FE	SEM FE	SAR RE	SEM FE	SEM FE
	(1)	(2)	(3)	(4)	(5)	(6)	(7)	(8)
lnTOS	-0.0356 (-1.32)	0.004 (0.24)	-0.1219*** (-3.89)	-0.0444 (-1.01)	-0.0031 (-0.18)	0.0038 (0.23)	-0.1232*** (-3.82)	-0.0252 (-0.42)
α		-0.0582 (-0.18)				-0.0545 (-0.17)		
rho		-0.0121 (-0.14)				0.0212 (0.14)		
λ	0.1634** (2.09)		0.0276 (1.60)	0.2527** (1.97)	0.8412*** (17.92)		0.1255 (1.60)	0.3766 (1.48)
lgt_theta		15.7936*** (28.36)				15.3058*** (27.84)		
sigma2_e	0.0077*** (7.37)	0.0079*** (3.52)	0.0061*** (4.73)	0.0082*** (7.83)	0.0067*** (6.76)	0.0079*** (3.48)	0.0061*** (4.83)	0.0082*** (8.66)

续表

变量	空间邻接权重				地理距离权重			
	全国层面	东部地区层面	中部地区层面	西部地区层面	全国层面	东部地区层面	中部地区层面	西部地区层面
	SEM	SAR	SEM	SEM	SEM	SAR	SEM	SEM
	FE	RE	FE	FE	FE	RE	FE	FE
	(1)	(2)	(3)	(4)	(5)	(6)	(7)	(8)
LogL	333.6532	121.3292	99.3305	117.7896	343.371	121.3321	99.6278	117.6332
R^2	0.0360	0.1101	0.0254	0.0712	0.0359	0.1111	0.026	0.071
Hausman 检验统计量	43.66***	3.43	15.64***	31.63***	80.49***	1.32	14.01*	31.19***
LM – lag Robust	0.2841	0.2949	0.0605	0.0005	2.3762	0.286	0.1024	0.0994
LM – lag	24.0875***	3.1130*	45.7407***	42.9642***	45.2816***	9.3383***	45.3704***	78.9422***
LM – error Robust	3.6275*	0.0771	0.0730	3.2375*	12.0750***	0.0172	0.6932	2.6128
LM – error	27.4309***	2.8953*	45.7532***	46.2011***	54.9804***	9.0694***	45.9612***	81.4556***
N	330	121	88	121	330	121	88	121

注：括号内数值为 z 值，*、**和***分别表示在10%、5%和1%的显著性水平下显著。

品升级协调发展均存在条件 β 收敛，在一定程度上说明中国区域内各省的工艺升级和产品升级协调发展水平会趋向于各自的稳态水平。进一步分析可知，空间邻接权重下东部地区、中部地区和西部地区的条件收敛速度分别为 0.81%、2.36% 和 6.95%，对应的半生命周期分别为 85.57 年、29.37 年和 9.97 年；地理邻接权重下东部地区、中部地区和西部地区的条件收敛速度分别为 0.80%、2.41% 和 7.30%，对应的半生命周期分别为 86.64 年、28.76 年和 9.49 年。西部地区条件收敛速度最快，中部地区次之，东部地区最慢。而且西部地区省际工艺升级和产品升级协调发展的空间自回归系数比中部地区大并且为正，加速了其条件收敛速度，缩短了其条件收敛周期；东部地区空间邻接权重下的空间自回归系数为负，而地理距离权重下的空间自回归系数为正。

对比全国整体层面和分地区层面的估计结果可知，全国层面、东部地区层面、中部地区层面和西部地区层面省际工艺升级和产品升级协调发展的条件收敛速度存在差异，全国的条件收敛速度相对较快。在一定程度上说明中国工艺升级与产品升级协调发展达到各自的稳态水平需要较短的时间，而区域内省份达到各自的稳态水平需要较长的时间。主要原因在于，中国省际工艺升级和产品升级协调发展的空间自回归系数显著为正，加速了其条件收敛速度，缩短了其条件收敛周期。

在控制变量中，人力资本是中国工艺升级和产品升级耦合协调发展收敛的影响因素，但存在区域差异。从全国层面看，人均物质资本存量（$\ln TPC$）、出口外向度（$\ln TIO$）、外资参与度（$\ln TFD$）和所有制结构（$\ln TOS$）的估计系数均未通过显著性检验；企业规模（$\ln TIS$）的估计系数仅在空间邻接权重下显著为正，表明企业规模有利于空间邻接省份工艺升级和产品升级耦合协调发展收敛；而人力资本（$\ln THC$）的估计系数显著为正，表明人力资本有利于工艺升级和产品升级耦合协调发展收敛。通过上述分析可知，人力资本是中国工艺升级和产品升级耦合协调发展的重要影响因素，主要原因在于人力资本是工艺升级和产品升级的关键因素，工艺升级和产品升级协调发展落后省份的人力资本水平普遍低于较发达省份，人力资本的提升会促进落后省份较快提升工艺水平和产品质量，从而促进省份工艺升级和产品升级协调发展收敛。

从分地区层面看，人均物质资本（$\ln TPC$）和出口外向度（$\ln TIO$）在东部地区、中部地区和西部地区均未通过显著性检验；人力资本（$\ln THC$）在东部地区和西部地区的估计系数显著为正，在中部地区的估计系数未通过显著性检验，表明人力资本有利于东部地区和西部地区工艺升级和产品升级耦合协调发展收敛，主要原因在于东部地区依靠其区位优势吸引了大量的高精尖人才，而西部地区则由于政府的扶持政策引进和留住了各类人才；企业规模（$\ln TIS$）的估计系数在西部地区显著为正，而在东部地区和中部地区表现为不显著，主要原因在于西部地区早期的企业规模较小，通过扩大规模，发挥规模效应，有利于提升工艺水平和产品质量，从而促进工艺升级和产品升级协调发展，而东部地区和中部地区的企业规模较大，很难继续扩大规模，产生规模效应；外资参与度（$\ln TFD$）和所有制结构（$\ln TOS$）的估计系数均在东部地区和西部地区未通过显著性检验，但在中部地区均是显著为负，表明外资和所有制结构均不利于中部地区工艺升级和产品升级耦合协调发展收敛。就外资参与度而言，可能原因在于中部地区尽管是中国重要的装备制造业基地，拥有吸引外资的优势，但因人才的缺乏导致外资无法对该地区产生技术溢出效应，反而对工艺升级和产品升级具有阻碍作用。就所有制结构而言，可能是中部地区所有制结构不合理造成的，所有制结构决定了企业是否具有足够的研发人员和研发资本（刘冬冬等，2017），而地区间的经济收敛需要所有制结构的收敛。

5.3.4 稳健性检验

为了检验研究结果的稳健性，考虑到 2008 年全球金融危机对中国工艺升级和产品升级耦合协调发展水平可能造成影响，因此本节以 2008 年为界，分别对 2003 ~ 2008 年和 2009 ~ 2014 年两个时间阶段进行 β 收敛检验，稳健性检验结果如表 5.9 所示。表 5.9 显示了空间邻接权重和地

表5.9　区域层面稳健性检验结果

变量	绝对收敛								条件收敛							
	2003~2008年				2009~2014年				2003~2008年				2009~2014年			
	空间邻接权重		地理距离权重		空间邻接权重		地理距离权重		空间邻接权重		地理距离权重		空间邻接权重		地理距离权重	
	SEM	FE	SEM	FE	SEM	FE	SEM	FE	SAR	FE	SAR	FE	SEM	FE	SEM	FE
β	−0.8038 *** (−4.75)		−0.9680 *** (−8.28)		−0.5325 *** (−3.30)		−0.6445 *** (−4.79)		−0.8659 *** (−8.28)		−0.8624 *** (−8.00)		−0.5708 *** (−3.32)		−0.6577 *** (−5.02)	
控制变量	否		否		否		否		是		是		是		是	
rho									−0.1983 * (−1.82)		−0.3884 * (−1.65)					
λ	0.6595 *** (6.53)		0.8700 *** (22.42)		0.5648 *** (3.59)		0.8237 *** (12.90)						0.5598 ** (2.57)		0.8408 *** (13.65)	
sigma2_e	0.0078 *** (6.22)		0.0063 *** (6.18)		0.0033 *** (4.83)		0.0029 *** (4.03)		0.0061 *** (6.28)		0.0062 *** (6.21)		0.0029 *** (5.45)		0.0026 *** (4.08)	
LogL	141.5365		160.2689		208.7316		220.5257		168.493		168.351		218.4404		228.0825	
R²	0.0521		0.0521		0.0183		0.0183		0.0422		0.0421		0.0278		0.0292	

续表

变量	绝对收敛								条件收敛							
	2003~2008年				2009~2014年				2003~2008年				2009~2014年			
	空间邻接权重		地理距离权重		空间邻接权重		地理距离权重		空间邻接权重		地理距离权重		空间邻接权重		地理距离权重	
	SEM	FE	SEM	FE	SEM	FE	SEM	FE	SAR	FE	SAR	FE	SEM	FE	SEM	FE
Hausman 检验统计量	56.78 ***		139.86 ***		43.99 ***		91.04 ***		134.62 ***		135.65 ***		65.55 ***		102.11 ***	
LM – lag Robust	1.3991		2.9694 *		8.8313 ***		16.0267 ***		3.9725 **		4.7671 **		9.3612 ***		17.5005 ***	
LM – lag	61.6676 ***		79.2853 ***		21.6475 ***		27.5962 ***		24.6495 ***		22.7962 ***		1.1176		3.8844 **	
LM – error Robust	2.1509		12.9434 ***		26.6619 ***		89.0130 ***		0.2458		0.0238		14.5333 ***		34.6505 ***	
LM – error	62.4194 ***		89.2593 ***		39.4781 ***		100.5825 ***		20.9229 ***		18.0528 ***		6.2897 **		21.0345 ***	
N	150		150		150		150		150		150		150		150	

注：括号内数值为 z 值，*、** 和 *** 分别表示在10%、5%和1%的显著性水平下显著。

理距离权重下工艺升级与产品升级协调发展收敛性的稳健性检验结果。根据表 5.9 可知，2003～2008 年和 2009～2014 年这两个时间阶段的收敛系数均显著为负，表明中国工艺升级和产品升级耦合协调发展存在绝对 β 收敛和条件 β 收敛，这说明本节的回归结果具有稳健性。

5.4 本章小结

本章首先构建工艺升级与产品升级协调发展程度指标体系，使用耦合协调模型从行业和区域层面测度其协调发展水平并分析其演进趋势；其次构建 σ 收敛模型、绝对 β 收敛模型和条件 β 收敛模型探讨中国工艺升级与产品升级协调发展的收敛性；最后，建立 σ 收敛模型、β 收敛的空间自回归模型和 β 收敛的空间误差模型考察中国省际工艺升级与产品升级协调发展的空间收敛性。研究发现：

（1）中国工艺升级和产品升级耦合协调发展水平呈上升趋势。从行业层面看，劳动密集型制造业、资本密集型制造业和技术密集型制造业工艺升级和产品升级耦合协调发展水平均呈持续上升态势，但存在行业异质性。从区域层面看，东部地区、中部地区和西部地区工艺升级和产品升级耦合协调发展水平均呈逐年上升趋势，但存在区域发展不平衡性。

（2）考察期内制造业总体、劳动密集型制造业、资本密集型制造业和技术密集型制造业工艺升级与产品升级耦合协调发展水平在短期内缩小了与其平均水平的差距，并且能够收敛到各自的稳态水平，实现行业平衡发展。从影响因素看，人力资本是制造业工艺升级和产品升级耦合协调发展收敛的首要影响因素，但存在行业异质性。

（3）考察期内中国工艺升级与产品升级耦合协调程度存在空间相关性，大部分省份位于 *HH* 型集聚区和 *LL* 型集聚区，少部分省份位于 *LH* 型集聚区和 *HL* 型集聚区。从收敛趋势看，考察期内全国层面、东部地区层面、中部地区层面和西部地区层面工艺升级与产品升级耦合协调度在短期内缩小了与其平均水平的差距，并且能够收敛到各自的稳态水平，实现区域协调发展，与东部地区和中部地区相比，西部地区绝对收敛速度和条件收敛速度均最快。从影响因素看，人力资本是中国工艺升级和产品升级耦合协调发展收敛的重要影响因素，但存在区域差异。

第6章

全球价值链嵌入对中国产业升级
路径协调发展的影响研究

改革开放以来，中国制造业增加值迅速增加，产值在 2010 年跃居世界第一，成为名副其实的制造业大国和世界工厂，但是其工艺技术水平和产品技术含量依然不具备较强的竞争优势，阻碍了其向制造业强国和世界市场转变的进程，中国制造业亟待升级。中国围绕"中国制造2025"战略，制定了《智能制造发展规划（2016－2020 年）》和《国家创新驱动发展战略纲要》等相关政策，为制造业升级奠定了坚实基础。与此同时，全球新一轮科技革命和产业变革呈加速趋势，将深刻改变世界发展格局（国务院发展研究中心，2018），推动全球价值链不断深化和重塑。随着全球价值链分工的不断深入，传统的产业或部门间升级已经逐步转变为工艺升级和产品升级等多种形态的升级（盛斌和陈帅，2015），并且工艺升级是产品升级的基础，而产品升级是价值链升级的"关键节点"（刘斌等，2016）。现有文献仅从产品视角考察产业升级，忽略了工艺升级与产品升级之间的协调发展关系，从而导致结论存在偏误。那么，中国制造业工艺升级与产品升级协调发展水平如何？全球价值链嵌入对其又有何影响？这一影响是否存在异质性？

为了回答上述问题，本章首先测度并分析中国制造业工艺升级和产品升级协调发展水平及其典型事实，同时基于增加值和最终产品生产分解方法测算制造业全球价值链的参与度，并分析其典型事实。其次，采用双向固定效应模型实证研究全球价值链嵌入对中国制造业工艺升级和产品升级协调发展的影响。

6.1　中国制造业工艺升级与产品升级协调发展及其参与全球价值链的典型事实

6.1.1　中国制造业工艺升级与产品升级协调发展的典型事实

通过前文分析可知，工艺升级和产品升级都由相互依赖的若干部分组成，可以视为产业内升级的两个子系统。本部分将工艺升级与产品升级之间通过各自组成要素变动所产生的相互作用，彼此关联的程度定义为工艺升级与产品升级的耦合协调度。为此，本节采用耦合协调度模型对工艺升级与产品升级耦合协调发展水平进行定量测度。根据耦合协调度模型（详见第5章5.1节中的5.1.1），本节测度了14个制造业细分行业工艺升级和产品升级协调发展水平，测度结果见表6.1。同时，为了考察制造业细分行业工艺升级和产品升级的耦合协调发展水平的发展趋势，本节绘制了相应的趋势图和核密度分布图，详见图6.1和图6.2。

表6.1　　制造业工艺升级和产品升级协调发展水平及其类型

行业代码	2003 年	2008 年	2009 年	2014 年
C10 ~ C12	0.2001	0.2621	0.3030	0.4509
	中度失调衰退型	中度失调衰退型	轻度失调衰退型	濒临失调衰退型
C13 ~ C15	0.2205	0.2417	0.2607	0.3614
	中度失调衰退型	中度失调衰退型	中度失调衰退型	轻度失调衰退型

行业代码	2003 年	2008 年	2009 年	2014 年
C16	0.0178	0.0733	0.0992	0.1626
	极度失调衰退型	极度失调衰退型	极度失调衰退型	重度失调衰退型
C17	0.0919	0.1451	0.1669	0.2446
	极度失调衰退型	重度失调衰退型	重度失调衰退型	中度失调衰退型
C18	0.0488	0.0782	0.0962	0.1643
	极度失调衰退型	极度失调衰退型	极度失调衰退型	重度失调衰退型
C19	0.1070	0.1543	0.1692	0.2458
	重度失调衰退型	重度失调衰退型	重度失调衰退型	中度失调衰退型
C20	0.2626	0.3722	0.3994	0.6229
	中度失调衰退型	轻度失调衰退型	轻度失调衰退型	初级协调发展型
C21	0.1780	0.2560	0.2805	0.4485
	重度失调衰退型	中度失调衰退型	中度失调衰退型	濒临失调衰退型
C22	0.1316	0.1779	0.2033	0.3363
	重度失调衰退型	重度失调衰退型	中度失调衰退型	轻度失调衰退型
C24	0.2956	0.5299	0.5520	0.6285
	中度失调衰退型	勉强协调发展型	勉强协调发展型	初级协调发展型
C25	0.0920	0.1731	0.1822	0.3377
	极度失调衰退型	重度失调衰退型	重度失调衰退型	轻度失调衰退型
C26	0.3797	0.5580	0.5608	0.7887
	轻度失调衰退型	勉强协调发展型	勉强协调发展型	中级协调发展型
C27	0.2670	0.3930	0.4322	0.6502
	中度失调衰退型	轻度失调衰退型	濒临失调衰退型	初级协调发展型
C29 ~ C30	0.3498	0.5242	0.6173	0.7659
	轻度失调衰退型	勉强协调发展型	初级协调发展型	中级协调发展型

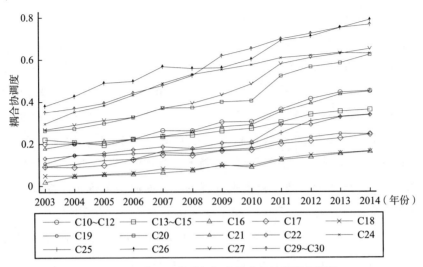

图 6.1　制造业工艺升级与产品升级协调发展趋势

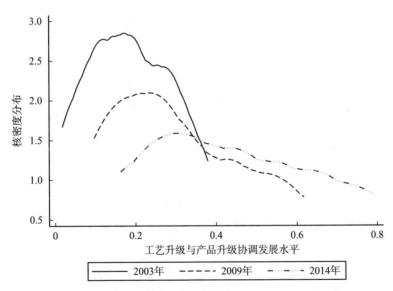

图 6.2　制造业工艺升级与产品升级协调发展核密度分布

　　根据表 6.1 可知，制造业细分行业工艺升级和产品升级的耦合协调发展水平存在行业异质性。从行业分布看，不同细分行业之间存在明显差异。在 2003 年，木材加工及木、竹、藤、棕、草制品业工艺升级和产品升级的耦合协调发展水平为 0.0178，属于极度失调衰退型，而通信设备、计算机及其他电子设备制造业为 0.3797，属于轻度失调衰退型。在 2008 年，木材加工及木、竹、藤、棕、草制品业工艺升级和产品升级的耦合协调发展水平为 0.0733，属于极度失调衰退型，而通信设备、计算机及其他电子设备制造业为 0.5580，属于勉强协调发展型。在 2009 年，印刷业和记录媒介的复制工艺升级和产品升级的耦合协调发展水平为 0.0962，属于极度失调衰退型，而通信设备、计算机及其他电子设备制造业为 0.5608，属于勉强协调发展型。在 2014 年，木材加工及木、竹、藤、棕、草制品业工艺升级和产品升级的耦合协调发展水平为 0.1626，属于重度失调衰退型，而通信设备、计算机及其他电子设备制造业为 0.7887，属于中级协调发展型。综上可知，在同一时间内，工艺升级和产品升级耦合协调发展程度较高的制造业细分行业大多数集中在高技术制造业中，在一定程度上说明这些行业注重工艺升级和产品升级的协调作用，致使其耦合协调发展水平相对较高。

根据图 6.1 和图 6.2 可知，制造业细分行业工艺升级和产品升级的耦合协调发展水平呈不断上升趋势，但其上升程度存在差异。其中，木材加工及木、竹、藤、棕、草制品业工艺升级和产品升级的耦合协调发展类型从 2003 年的中度失调衰退型发展为 2014 年的濒临失调衰退型，纺织业、纺织服装服饰业、皮革毛皮羽毛（绒）及其制品业、从 2003 年的中度失调衰退型发展为 2014 年的轻度失调衰退型，而化学原料及化学制品制造业、化学纤维制造业、黑色金属冶炼及压延加工业、有色金属冶炼及压延加工业和电气机械及器材制造业则从 2003 年的中度失调衰退型发展为 2014 年的初级协调发展型。木材加工及木、竹、藤、棕、草制品业和印刷业和记录媒介的复制的工艺升级和产品升级的耦合协调发展类型从 2003 年的极度失调衰退型发展为 2014 年的重度失调衰退型，而造纸及纸制品业和金属制品业则从 2003 年的极度失调衰退型分别发展为 2014 年的中度失调衰退型和轻度失调衰退型。石油加工、炼焦及核燃料加工业、医药制造业和橡胶和塑料制品业从 2003 年的重度失调衰退型分别发展为 2014 年的中度失调衰退型、濒临失调衰退型和轻度失调衰退型。通信设备、计算机及其他电子设备制造业和交通运输设备制造业则均从 2003 年的轻度失调衰退型发展为 2014 年的中级协调发展型。综上可知，工艺升级和产品升级耦合协调发展程度增加较快的制造业细分行业大多数集中在高技术制造业中，在一定程度上说明中国重视高技术制造业的发展，从而提高了工艺升级和产品升级的耦合协调发展水平。

6.1.2 中国制造业全球价值链嵌入程度的典型事实

6.1.2.1 中国制造业全球价值链的参与度测算方法

本节基于增加值和最终产品生产分解方法测算制造业全球价值链的参与度，其基础是跨国投入产出表。基于基础测算框架（详见第 4 章 4.1 节中的 4.1.2），进一步对总出口按中间产品、最终产品和最终吸收目的地进行分解，可得：

$$B^{ss}E^s = B^{ss}\left(\sum_{r\neq s}^{G} Y^{sr} + \sum_{r\neq s} A^{sr}X^r\right) = B^{ss}\sum_{r\neq s}^{G} Y^{sr} + B^{ss}\sum_{r\neq s} A^{sr}\sum_{u}\left(B^{ru}\sum_{t}^{G} Y^{ut}\right)$$

$$(6.1)$$

将（6.1）式代入（4.5）式，可将 s 国行业部门的增加值进行生产活动的前向分解，具体如下：

$$(V^s)' = \hat{V}^s X^s = \hat{V}^s B^{ss} Y^{ss} + \hat{V}^s B^{ss} E^s = \underbrace{\hat{V}^s B^{ss} Y^{ss}}_{(6-a):V\_D} + \underbrace{\hat{V}^s B^{ss}\sum_{r\neq s}^{G} Y^{sr}}_{(6-b):V\_RT}$$

$$+ \underbrace{\hat{V}^s B^{ss}\sum_{r\neq s} A^{sr}\sum_{u}^{G}\left(B^{ru}\sum_{t}^{G} Y^{ut}\right)}_{(6-c):V\_GVC} = \underbrace{\hat{V}^s B^{ss} Y^{ss}}_{(6-a):V\_D} + \underbrace{\hat{V}^s B^{ss}\sum_{r\neq s}^{G} Y^{sr}}_{(6-b):V\_RT}$$

$$+ \underbrace{\hat{V}^s B^{ss}\sum_{r\neq s} A^{sr} L^{rr} Y^{rr}}_{(6-d):V\_GVC\_R} + \underbrace{\hat{V}^s B^{ss}\sum_{r\neq s} A^{sr}\sum_{u}^{G}\left(B^{ru} Y^{us}\right)}_{(6-e):V\_GVC\_D}$$

$$+ \underbrace{\hat{V}^s B^{ss}\sum_{r\neq s} A^{sr}\sum_{u}^{G}\left(B^{ru}\sum_{t\neq s}^{G} Y^{ut}\right) - \hat{V}^s B^{ss}\sum_{r\neq s} A^{sr} B^{rr} Y^{rr}}_{(6-f):V\_GVC\_F} \quad (6.2)$$

根据（6.2）式可知，s 国行业部门增加值生产活动的前向分解主要包括以下三个部分：（6 - a）$\hat{V}^s B^{ss} Y^{ss}$ 为满足国内最终需求且用于国内生产的国内增加值，用 V_D 表示。（6 - b）$\hat{V}^s B^{ss} \sum\limits_{r \neq s}^{G} Y^{sr}$ 为满足出口到国外作为最终需求而隐含在最终需求出口中的国内增加值，用 V_RT 表示。（6 - c）$\hat{V}^s B^{ss} \sum\limits_{r \neq s}^{} A^{sr} \sum\limits_{u}^{G} (B^{ru} \sum\limits_{t}^{G} Y^{ut})$ 为隐含在中间产品出口中的国内增加值，用 V_GVC 表示。其中，从最终需求的角度看，（6 - a）（6 - b）两部分的经济活动不涉及跨国间分工合作。而最后部分属于全球价值链分工生产活动范畴，并且根据增加值在国外生产过程中的差异，可以将其进一步分为 V_GVC_R、V_GVC_D 和 V_GVC_F 三个部分，具体含义（见第 4 章 4.1 节中的 4.1.2）。进一步，通过上述分析可知，V_GVC_R 只涉及一次跨境增加值贸易，反映简单前向参与度；而 V_GVC_D 和 V_GVC_F 涉及至少两次跨境增加值贸易，反映复杂前向参与度。

同理，与上述国家部门的增加值生产活动分解方法相似，国家部门层次的最终产品可将其后向分解：

$$Y^s = \underbrace{V^s B^{ss} \hat{Y}^{ss}}_{(6-g):Y\_D} + \underbrace{V^s B^{ss} \sum\limits_{r \neq s}^{G} \hat{Y}^{sr}}_{(6-h):Y\_RT} + \underbrace{\sum\limits_{r}^{G} V^r \sum\limits_{u \neq s}^{G} B^{ru} A^{us} B^{ss} \sum\limits_{t}^{G} \hat{Y}^{st}}_{(6-i):Y\_GVC}$$

$$= \underbrace{V^s B^{ss} \hat{Y}^{ss}}_{(6-g):Y\_D} + \underbrace{V^s B^{ss} \sum\limits_{r \neq s}^{G} \hat{Y}^{sr}}_{(6-h):Y\_RT} + \underbrace{\sum\limits_{r \neq s}^{G} V^r B^{sr} A^{rs} B^{ss} \hat{Y}^{ss}}_{(6-j):Y\_GVC\_R} + \underbrace{V^s \sum\limits_{s \neq r}^{G} B^{sr} A^{sr} B^{ss} \sum\limits_{t}^{G} \hat{Y}^{st}}_{(6-k):Y\_GVC\_D}$$

$$+ \underbrace{\sum\limits_{r \neq s}^{G} V^r \left(\sum\limits_{u \neq r}^{G} B^{ru} A^{us} B^{ss} \sum\limits_{t}^{G} \hat{Y}^{st} - B^{rr} A^{rs} B^{ss} \hat{Y}^{ss} \right)}_{(6-l):Y\_GVC\_F} \qquad (6.3)$$

其中，（6.3）式中每一部分的含义与（6.2）式中对应的部分类似，即：（6 - g）$V^s B^{ss} \hat{Y}^{ss}$ 为满足国内最终需求且用于国内生产的国内增加值，用 Y_D 表示；（6 - h）$V^s B^{ss} \sum\limits_{r \neq s}^{G} \hat{Y}^{sr}$ 为满足出口到国外作为最终需求而隐含在最终需求出口中的国内增加值，用 Y_RT 表示；（6 - i）$\sum\limits_{r}^{G} V^r \sum\limits_{u \neq s}^{G} B^{ru} A^{us} B^{ss} \sum\limits_{t}^{G} \hat{Y}^{st}$ 为隐含在中间产品出口中的国内增加值，

用 Y_GVC 表示；$(6-j)$ $\sum\limits_{r \neq s}^{G} V^r B^{rr} A^{rs} B^{ss} \hat{Y}^{ss}$ 为直接被 r 国吸收的隐含在中间产品出口中的增加值，用 Y_GVC_R 表示；$(6-k)$ $V^s \sum\limits_{s \neq r}^{G} B^{sr} A^{sr} B^{ss} \sum\limits_{t}^{G} \hat{Y}^{st}$ 为返回且被 s 国吸收的国内增加值，用 Y_GVC_D 表示；$(6-e)$ $\sum\limits_{r \neq s}^{G} V^r (\sum\limits_{u \neq r}^{G} B^{ru} A^{us} B^{ss} \sum\limits_{t}^{G} \hat{Y}^{st} - B^{rr} A^{rs} B^{ss} \hat{Y}^{ss})$ 为间接被 r 国吸收或重新出口到第三方国家的增加值，用 Y_GVC_F 表示。进一步，通过上述分析可知，Y_GVC_R 只涉及一次跨境增加值贸易，反映简单后向参与度；而 Y_GVC_D 和 Y_GVC_F 涉及至少两次跨境增加值贸易，反映复杂后向参与度。

因此，根据以上分解方法，借鉴汪等（Wang et al.，2017），定义基于前向联系的全球价值链参与度和基于后向联系的参与度，分别如下：

$$GVCF = \frac{V\_GVC\_R}{V'} + \frac{V\_GVC\_D}{V'} + \frac{V\_GVC\_F}{V'} \tag{6.4}$$

$$GVCB = \frac{Y\_GVC\_R}{Y} + \frac{Y\_GVC\_D}{Y} + \frac{Y\_GVC\_F}{Y} \tag{6.5}$$

其中，前向参与度指部门与其上游部门进行全球价值链的活动获得的增加值占其整体增加值的份额，也即国家行业部门的国内要素占跨国生产分割活动的比重；后向参与度指部门与其下游部门进行全球价值链的活动获得的增加值与其最终品（货物与服务）产量的比值，也即一国（或地区）的最终产品来自全球价值链相关的生产和贸易活动的比重。上述两个指标的数值越大，均表明部门参与全球价值链的程度越深。

同时，在前向联系的全球价值链参与度和后向联系的参与度的基础上，根据中间投入品在国家间的流转次数，将全球价值链参与度分为简单参与度和复杂参与度，分别表示如下：

$$GVCFS = \frac{V\_GVC\_R}{V'}; \quad GVCFC = \frac{V\_GVC\_D}{V'} + \frac{V\_GVC\_F}{V'} \tag{6.6}$$

$$GVCBS = \frac{Y\_GVC\_R}{Y}; \quad GVCBC = \frac{Y\_GVC\_D}{Y} + \frac{Y\_GVC\_F}{Y} \qquad (6.7)$$

6.1.2.2 中国制造业全球价值链的参与度分析

基于上述全球价值链参与度的测算方法，采用世界投入产出数据库（WIOD）测度的 2003~2014 年中国制造业全球价值链参与度的演变情况，详见图 6.3。根据图 6.3 可知，考察期内中国制造业全球价值链参与度存在差异，并且其演进趋势表现为 M 形。从前向参与度来看，与高技术制造业相比，中低技术制造业的前向参与度、简单前向参与度和复杂前向参与度受金融危机的影响较大。除造纸及纸制品业、橡胶和塑料制品业外，其他中低技术制造业的前向参与度、简单前向参与度和复杂前向参与度在 2008 年金融危机前后变化较大，2003~2008 年整体上呈增加趋势，在 2009 年却突然降低，此后表现为波动趋势。如农副食品加工业、食品制造业、饮料制造业和烟草制品业的前向参与度从 2003 年的 0.1769 增加至 2008 年的 0.2155，2009 年则降至 0.1632，而 2014 年则为 0.1637。除化学原料及化学制品制造业、化学纤维制造业和医药制造业外，其他高技术制造业的前向参与度、简单前向参与度和复杂前向参与度在 2008 年金融危机前后变化较小，整体上呈增加趋势。如通信设备、计算机及其他电子设备制造业的前向参与度从 2003 年的 0.0359 增加至 2008 年的 0.0841，2009 年则降至 0.0727，然后增加至 2014 年的 0.1075。从后向参与度来看，中国制造业的后向参与度、简单后向参与度和复杂后向参与度在 2003~2008 年和 2009~2014 年均表现为先增加后下降的趋势。如农副食品加工业、食品制造业、饮料制造业和烟草制品业的后向参与度从 2003 年的 0.1530 增加至 2005 年的 0.2055，然后下降至 2008 年的 0.1933，从 2009 年的 0.1645 增加至 2011 年的 0.2147，然后下降至 2014 年的 0.1709。

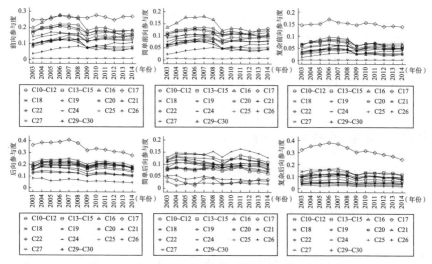

图6.3 中国制造业全球价值链参与度的演变情况

6.2 全球价值链嵌入对制造业工艺升级与产品升级协调发展的影响分析

6.2.1 模型构建、变量测度与数据说明

6.2.1.1 模型构建

根据前文可知，全球价值链嵌入有助于制造业工艺升级，但不利于制造业产品升级，那么其如何影响工艺升级与产品升级的协调发展。为了考察上述影响，本节设定如下模型：

$$CDL_{it} = \alpha + \beta_1 GVCT_{it} + \sum_{j=2}^{8} \beta_j CON_{it} + \mu_i + \nu_t + \varepsilon_{it} \qquad (6.8)$$

其中，i 表示行业；t 表示年份。CDL 为工艺升级与产品升级协调发展水平变量；$GVCT$ 为全球价值链嵌入特征变量，包括全球价值链嵌入程度（*GVC*）、简单全球价值链嵌入程度（*GVCS*）和复杂全球价值链嵌入程度（*GVCC*）；*CON* 为影响工艺升级与产品升级协调发展水平的控制变量，包括物质资本存量（*TPC*）、人力资本（*TPC*）、技术进步（*TFP*）、企业规模（*TIS*）、所有制结构（*TOS*）、企业绩效（*TEP*）和技术密集度（*TTI*）。α 为常数项；β 为变量的估计系数。此外，μ 为个体效应；ν 为时间效应；ε 为随机干扰项。

6.2.1.2 变量测度和数据说明

本节采用 2003～2014 年中国 14 个制造业年度数据，数据主要来自世界投入产出数据库、《中国统计年鉴》、《工业企业科技活动统计年鉴》、中国工业统计年鉴和国家统计局网站。选取 14 个制造业的依据详见第 4 章 4.2 节中的 4.2.1。

被解释变量。工艺升级与产品升级协调发展水平（*CDL*），本节用耦合协调度模型（详见第 5 章 5.1 节中的 5.1.1）进行测度。指标选取的主要依据和数据来源详见第 4 章 4.2 节中的 4.2.1。

核心解释变量。全球价值链嵌入特征变量（*GVCT*），借鉴汪等（Wang et al.，2017），全球价值链嵌入程度（*GVC*）包括前向参与度（*GVCF*）和后向参与度（*GVCB*）两种；简单全球价值链嵌入程度（*GVCS*）包括简单前向参与度（*GVCFS*）和简单后向参与度（*GVCBS*）两种；复杂全球价值链嵌入程度（*GVCC*）包括复杂前向参与度（*GVCFC*）和复杂后向参与度（*GVCBC*）。相关数据主要基于世界投入产出数据库中的投入产出表测度。

控制变量。物质资本存量（*TPC*），采用固定资产净值表示；人力资本（*TPC*），采用研究与发展人员全时当量与全部从业人员年平均人数的比值表示；技术进步（*TFP*），采用全要素生产率表示；企业规模（*TIS*），采用工业销售产值与企业数的比值表示；所有制结构（*TOS*），采用国家资本占实收资本比重表示；企业绩效（*TEP*），采用利润总额占工业销售产值比重表示；技术密集度（*TTI*），采用固定资产净值占工业销售产值比重表示。其中，物质资本存量、技术进步、企业规模、所有权结构、企业绩效和技术密集度变量测度的依据和数据来源，详见第4章4.2节中的4.2.1。人力资本的衡量方法，则借鉴吴延兵（2006）、黄凌云等（2018）的做法，相关数据来自《中国工业经济统计年鉴》。

6.2.2　计量结果与分析

6.2.2.1　基准回归结果

为选取更为有效的估计方法，本节进行 F 检验、LM 检验，以检验是否存在个体效应和 $HAUSMAN$ 检验以判断使用 FE 模型还是 RE 模型。如果不存在个体效应，应运用 $POLS$，否则，进行 $HAUSMAN$ 检验；如果通过 $HAUSMAN$ 检验，可进一步检验是否存在时间效应，以判断是否使用 $Two\text{-}way\ FE$ 模型。检验结果显示：通过 F 检验可知，拒绝每位个体拥有相同截距项的原假设，即认为固定效应模型明显优于混合回归；通过 LM 检验可知，检验结果显示拒绝不应该存在反映个体特性的随机扰动项的原假设，即应该使用 FE 模型而不是选择 $POLS$。接下来，本节采用 $HAUSMAN$ 检验确定究竟使用 FE 模型还是 RE 模型，检验结果显示拒绝个体效应与所有解释变量均不相关的原假设，认为应该使用 FE 模型，而非随机效应模型。更进一步，本节进行时间效应检验，检验结果显示拒绝"无时间效应"的原假设，认为模型应该包括时间效应。

表6.2显示了双向固定效应模型的基准回归结果，其中第（1）~（3）列为全球价值链前向参与度对制造业工艺升级与产品升级协调发展影响的回归结果；第（4）~（6）列为全球价值链后向参与度对制造业工艺升级与产品升级协调发展影响的回归结果。研究发现，全球价值链嵌入程度的差别对制造业工艺升级与产品升级协调发展的影响存在明显的差异性。具体来看，从前向参与度视角，前向参与度、简单前向参与度、复杂前向参与度均对中国制造业工艺升级与产品升级协调发展具

有显著正向影响。从后向参与度视角，后向参与度和复杂后向参与度均对中国制造业工艺升级与产品升级协调发展具有显著正向影响，而简单后向参与度表现为不显著负向影响。对上述现象可能的解释是，通过前向参与度参与国际分工的行业位于全球价值链"微笑曲线"两端的高附加值环节，通过承担关键零部件生产供应等全球价值链活动，从而促进工艺升级和产品升级，进而推动工艺升级与产品升级协调发展；通过后向参与度参与国际分工的行业从事加工、组装等低附加值的活动，容易被发达国家跨国企业锁定在全球价值链的低端，同时随着中国制造业企业参与全球价值链的程度不断加深，发达国家跨国公司为了获取高额利润，会通过垄断核心技术等手段阻碍中国制造业企业向全球价值链高端攀升，迫使其从事低附加值贸易和低端生产制造业环节，从而抑制中国制造业企业进行技术创新（吕越等，2018），导致其无法有效吸收先进技术（余东华和田双，2019），并且越来越多的发展中国家参与到全球价值链中，不断挤占中国制造业在全球价值链中的市场份额，导致其难以向全球价值链中高端攀升。

表 6.2　　　　　　　　　　基准回归结果

变量	GVCF			GVCB		
	(1)	(2)	(3)	(4)	(5)	(6)
GVC	0.4805 *** (0.1439)			0.4212 ** (0.2110)		
GVCS		0.7274 *** (0.2302)			-0.3468 (0.2883)	
GVCC			1.1312 *** (0.3491)			0.6294 *** (0.2106)
TPC	0.1558 *** (0.0212)	0.1592 *** (0.0218)	0.1461 *** (0.0206)	0.1174 *** (0.0224)	0.1363 *** (0.0210)	0.1129 *** (0.0216)
THC	-0.0687 *** (0.0124)	-0.0698 *** (0.0125)	-0.0679 *** (0.0125)	-0.0679 *** (0.0129)	-0.0736 *** (0.0128)	-0.0666 *** (0.0127)

变量	GVCF			GVCB		
	(1)	(2)	(3)	(4)	(5)	(6)
TFP	0.1106*** (0.0313)	0.1064*** (0.0315)	0.1187*** (0.0313)	0.1282*** (0.0324)	0.1074*** (0.0335)	0.1141*** (0.0315)
TIS	0.1455*** (0.0326)	0.1440*** (0.0328)	0.1508*** (0.0325)	0.1739*** (0.0340)	0.1569*** (0.0335)	0.1766*** (0.0331)
TOS	−0.0952 (0.0591)	−0.0961 (0.0599)	−0.0787 (0.0577)	0.0334 (0.0623)	−0.0643 (0.0673)	−0.0194 (0.0551)
TEP	0.0660 (0.1764)	0.0735 (0.1776)	0.0386 (0.1760)	−0.0660 (0.1817)	0.0192 (0.1826)	−0.0434 (0.1767)
TTI	0.5100*** (0.1603)	0.4826*** (0.1628)	0.5700*** (0.1588)	0.6842*** (0.1684)	0.5200*** (0.1751)	0.5930*** (0.1595)
CONSTANT	−1.4578*** (0.1545)	−1.4783*** (0.1578)	−1.3961*** (0.1507)	−1.2843*** (0.1523)	−1.2772*** (0.1556)	−1.2116*** (0.1528)
R^2	0.941	0.940	0.940	0.937	0.936	0.940
行业效应	控制	控制	控制	控制	控制	控制
年份效应	控制	控制	控制	控制	控制	控制
F 检验统计量	61.58***	59.89***	61.90***	54.38***	61.88***	52.58***
LM 检验统计量	219.78***	201.57***	249.86***	251.28***	236.29***	202.32***
HAUSMAN 检验统计量	32.94***	33.89***	30.97***	35.19***	30.37***	42.17***
时间效应检验统计量	17.95***	24.42***	13.55***	17.83***	21.00***	76.23***
N	168	168	168	168	168	168

注：括号内为标准误，*** $p<0.01$，** $p<0.05$，* $p<0.1$。

控制变量中，从第（6）列的回归结果可知，物质资本存量（TPC）、技术进步（TFP）、企业规模（TIS）和技术密集度（TTI）的估计系数均是显著为正，表明物质资本存量、技术进步、企业规模和技术密集度有利于提升工艺升级与产品升级的协调发展水平；人力资本（THC）的估计系数为负，在5%显著性水平下显著，表明人力资本抑制工艺升级与产品升级协调发展水平的提升；而所有制结构（*TOS*）和企业绩效（*TEP*）的估计系数均是不显著为负。

6.2.2.2 稳健性检验

（1）测量误差的检验。考虑到在测算工艺升级与产品升级协调发展水平的过程中，采用不同的标准化方法会导致结果存在差异。因此，本节运用线性比例变换法和向量归一法重新测算中国制造业工艺升级与产品升级协调发展水平，以进一步验证本节结果的稳健性，检验结果见表6.3和表6.4。其中，表6.3的估计结果采用的是线性比例变换法，其中第（1）~（3）列为全球价值链前向参与度对制造业工艺升级与产品升级协调发展影响的回归结果；第（4）~（6）列为全球价值链后向参与度对制造业工艺升级与产品升级协调发展影响的回归结果。表6.4的估计结果则运用了向量归一法，其中第（1）~（3）列为全球价值链前向参与度对制造业工艺升级与产品升级协调发展影响的回归结果；第（4）~（6）列为全球价值链后向参与度对制造业工艺升级与产品升级协调发展影响的回归结果。检验结果均显示，全球价值链前向参与度、简单前向参与度和复杂前向参与度、全球价值链后向参与度、复杂后向参与度对中国制造业工艺升级与产品升级协调发展具有显著正向影响，而简单后向参与度表现为不显著负向影响，这进一步说明了本节的结果具有稳健性。

表 6.3 稳健性检验回归结果（1）

变量	GVCF			GVCB		
	（1）	（2）	（3）	（4）	（5）	（6）
GVC	0.4970 *** (0.1509)			0.4808 ** (0.2204)		
GVCS		0.7454 *** (0.2415)			−0.3694 (0.3020)	

变量	GVCF			GVCB		
	(1)	(2)	(3)	(4)	(5)	(6)
GVCC			1. 1865 ***			0. 7034 ***
			(0. 3656)			(0. 2196)
TPC	0. 1562 ***	0. 1594 ***	0. 1463 ***	0. 1146 ***	0. 1360 ***	0. 1100 ***
	(0. 0223)	(0. 0229)	(0. 0216)	(0. 0234)	(0. 0220)	(0. 0225)
THC	− 0. 0752 ***	− 0. 0763 ***	− 0. 0742 ***	− 0. 0737 ***	− 0. 0802 ***	− 0. 0724 ***
	(0. 0131)	(0. 0131)	(0. 0131)	(0. 0135)	(0. 0134)	(0. 0132)
TFP	0. 1123 ***	0. 1081 ***	0. 1207 ***	0. 1317 ***	0. 1086 ***	0. 1157 ***
	(0. 0328)	(0. 0331)	(0. 0328)	(0. 0339)	(0. 0350)	(0. 0328)
TIS	0. 1540 ***	0. 1525 ***	0. 1593 ***	0. 1849 ***	0. 1657 ***	0. 1875 ***
	(0. 0342)	(0. 0345)	(0. 0341)	(0. 0355)	(0. 0351)	(0. 0345)
TOS	− 0. 0899	− 0. 0901	− 0. 0737	0. 0489	− 0. 0593	− 0. 0114
	(0. 0620)	(0. 0629)	(0. 0604)	(0. 0651)	(0. 0705)	(0. 0575)
TEP	0. 0494	0. 0565	0. 0218	− 0. 0932	0. 0019	− 0. 0666
	(0. 1850)	(0. 1863)	(0. 1843)	(0. 1898)	(0. 1912)	(0. 1843)
TTI	0. 5510 ***	0. 5237 ***	0. 6126 ***	0. 7407 ***	0. 5590 ***	0. 6367 ***
	(0. 1681)	(0. 1708)	(0. 1663)	(0. 1759)	(0. 1834)	(0. 1663)
CONSTANT	− 1. 5050 ***	− 1. 5246 ***	− 1. 4424 ***	− 1. 3228 ***	− 1. 3172 ***	− 1. 2422 ***
	(0. 1620)	(0. 1656)	(0. 1578)	(0. 1591)	(0. 1630)	(0. 1593)
R^2	0. 932	0. 931	0. 932	0. 929	0. 927	0. 932
行业效应	控制	控制	控制	控制	控制	控制
年份效应	控制	控制	控制	控制	控制	控制
N	168	168	168	168	168	168

注：括号内为标准误，*** $p < 0.01$，** $p < 0.05$，* $p < 0.1$。

表 6.4　　　　　　　　　　稳健性检验回归结果（2）

变量	GVCF			GVCB		
	（1）	（2）	（3）	（4）	（5）	（6）
GVC	0.2982 *** （0.0875）			0.2627 ** （0.1284）		
GVCS		0.4486 *** （0.1400）			− 0.2401 （0.1753）	
GVCC			0.7085 *** （0.2121）			0.4059 *** （0.1277）
TPC	0.0876 *** （0.0129）	0.0896 *** （0.0133）	0.0817 *** （0.0125）	0.0637 *** （0.0136）	0.0756 *** （0.0128）	0.0605 *** （0.0131）
THC	− 0.0438 *** （0.0076）	− 0.0445 *** （0.0076）	− 0.0433 *** （0.0076）	− 0.0433 *** （0.0079）	− 0.0469 *** （0.0078）	− 0.0423 *** （0.0077）
TFP	0.0663 *** （0.0190）	0.0637 *** （0.0192）	0.0713 *** （0.0190）	0.0773 *** （0.0197）	0.0635 *** （0.0203）	0.0684 *** （0.0191）
TIS	0.0859 *** （0.0198）	0.0850 *** （0.0200）	0.0892 *** （0.0198）	0.1036 *** （0.0207）	0.0928 *** （0.0204）	0.1056 *** （0.0201）
TOS	− 0.0544 （0.0359）	− 0.0547 （0.0365）	− 0.0445 （0.0351）	0.0256 （0.0379）	− 0.0384 （0.0409）	− 0.0073 （0.0334）
TEP	0.0310 （0.1073）	0.0354 （0.1081）	0.0143 （0.1069）	− 0.0511 （0.1106）	0.0040 （0.1110）	− 0.0377 （0.1072）
TTI	0.3319 *** （0.0975）	0.3154 *** （0.0991）	0.3690 *** （0.0965）	0.4403 *** （0.1025）	0.3328 *** （0.1065）	0.3834 *** （0.0967）
CONSTANT	− 0.8574 *** （0.0939）	− 0.8695 *** （0.0960）	− 0.8196 *** （0.0915）	− 0.7497 *** （0.0927）	− 0.7430 *** （0.0946）	− 0.7023 *** （0.0926）
R^2	0.930	0.929	0.930	0.926	0.925	0.929
行业效应	控制	控制	控制	控制	控制	控制
年份效应	控制	控制	控制	控制	控制	控制
N	168	168	168	168	168	168

注：括号内为标准误，*** $p < 0.01$，** $p < 0.05$，* $p < 0.1$。

（2）内生性问题分析。本节运用面板数据进行模型估计，在一定程度上解决个体异质性问题，但本节使用的全球价值链参与度变量可能存在内生性，主要原因在于，一方面全球价值链参与度较高的行业往往具有较高的市场势力和技术势力，从而影响工艺升级与产品升级协调发展水平；另一方面工艺升级与产品升级协调发展水平较高的行业，可能需要通过参与全球价值链获取先进的核心技术，以应对发达国家跨国企业的竞争。如果上述逆向因果关系导致了内生性，那么本节得到的研究结论将是有偏的，需要使用工具变量法进行估计。为此，本节首先选择全球价值链参与度的滞后一期作为工具变量（吕越等，2017）。主要原因在于滞后一期的变量往往与内生变量具有较强的相关性，但与误差项并没有显著相关性。其次，本节对模型进行离差变换以解决遗漏变量问题，再对变换后的模型使用二阶段最小二乘法（2SLS），工具变量 2SLS 估计结果报告在表 6.5 中。表 6.5 中第（1）~（3）列为全球价值链前向参与度对制造业工艺升级与产品升级协调发展影响的回归结果；第（4）~（6）列为全球价值链后向参与度对制造业工艺升级与产品升级协调发展影响的回归结果。从中可以看出，在控制内生性之后，全球价值链前向参与度、简单前向参与度和复杂前向参与度、全球价值链后向参与度、复杂后向参与度对中国制造业工艺升级与产品升级协调发展具有显著正向影响，而简单后向参与度表现为不显著影响，与基准回归结果的正负性和显著性相同。

表 6.5　　　　　　　　　内生性检验回归结果（2SLS）

变量	GVCF			GVCB		
	（1）	（2）	（3）	（4）	（5）	（6）
GVC	0.4623 ** (0.1937)			0.4938 * (0.2851)		
GVCS		0.7798 ** (0.3111)			−0.2168 (0.4561)	

续表

变量	GVCF			GVCB		
	（1）	（2）	（3）	（4）	（5）	（6）
GVCC			0.9157 * （0.4682）			0.6750 ** （0.2752）
TPC	0.1357 *** （0.0229）	0.1424 *** （0.0240）	0.1235 *** （0.0214）	0.0902 *** （0.0248）	0.1141 *** （0.0213）	0.0847 *** （0.0233）
THC	− 0.0550 *** （0.0128）	− 0.0558 *** （0.0129）	− 0.0546 *** （0.0128）	− 0.0532 *** （0.0132）	− 0.0581 *** （0.0130）	− 0.0506 *** （0.0128）
TFP	0.1311 *** （0.0324）	0.1251 *** （0.0329）	0.1398 *** （0.0321）	0.1480 *** （0.0328）	0.1342 *** （0.0343）	0.1361 *** （0.0313）
TIS	0.1595 *** （0.0331）	0.1560 *** （0.0336）	0.1664 *** （0.0327）	0.1886 *** （0.0339）	0.1718 *** （0.0334）	0.1888 *** （0.0322）
TOS	− 0.0816 （0.0689）	− 0.0915 （0.0705）	− 0.0540 （0.0658）	0.0567 （0.0678）	− 0.0226 （0.0789）	0.0019 （0.0577）
TEP	0.1076 （0.1794）	0.1228 （0.1816）	0.0748 （0.1774）	− 0.0252 （0.1808）	0.0531 （0.1847）	0.0171 （0.1714）
TTI	0.6672 *** （0.1719）	0.6251 *** （0.1772）	0.7351 *** （0.1674）	0.8452 *** （0.1752）	0.7226 *** （0.1884）	0.7566 *** （0.1623）
CONSTANT	− 1.3230 *** （0.1720）	− 1.3664 *** （0.1792）	− 1.2406 *** （0.1627）	− 1.1099 *** （0.1615）	− 1.1337 *** （0.1700）	− 1.0097 *** （0.1650）
R^2	0.9393	0.9383	0.9397	0.9386	0.9372	0.9429
N	154	154	154	154	154	154

注：括号内为标准误，*** $p < 0.01$，** $p < 0.05$，* $p < 0.1$。

为了进一步验证运用工具变量法进行估计的有效性，本节同时将全球价值链参与度与其均值差值的三次方作为全球价值链参与度的工具变量（Lewbel，1997）。根据不可识别检验、弱工具变量检验和过度识别检验可知，本节选取的工具变量是有效的。鉴于工具变量个数多于内生解释变量个数，对变换后的模型使用广义矩估计法（*GMM*）进行估计，工具变量 *GMM* 估计结果报告在表6.6。其中，其中第（1）～（3）列为全球价值链前向参与度对制造业工艺升级与产品升级协调发展影响的回归结果；第（4）～（6）列为全球价值链后向参与度对制造业工艺升级与产品升级协调发展影响的回归结果。从中可以看出，全球价值链前向参与度、简单前向参与度和复杂前向参与度、全球价值链后向参与度、复杂后向参与度对中国制造业工艺升级与产品升级协调发展具有显著正向影响，而简单后向参与度表现为不显著影响。上述估计结果与工具变量 2*SLS* 估计结果基本相同，这在一定程度上说明本节运用工具变量法得到的回归结果具有稳健性。

表6.6 　　　　　　　　　　内生性检验回归结果（*GMM*）

变量	GVCF			GVCB		
	（1）	（2）	（3）	（4）	（5）	（6）
GVC	0. 3413 ** （0. 1740）			0. 7246 ** （0. 2818）		
GVCS		0. 6342 ** （0. 2910）			0. 2126 （0. 3806）	
GVCC			0. 8806 * （0. 4762）			0. 6539 *** （0. 2442）
TPC	0. 1442 *** （0. 0185）	0. 1496 *** （0. 0193）	0. 1389 *** （0. 0178）	0. 1180 *** （0. 0181）	0. 1327 *** （0. 0176）	0. 1183 *** （0. 0178）
THC	− 0. 0212 （0. 0131）	− 0. 0220 * （0. 0131）	− 0. 0194 （0. 0132）	− 0. 0118 （0. 0137）	− 0. 0248 * （0. 0131）	− 0. 0116 （0. 0135）
TFP	0. 2081 *** （0. 0344）	0. 2027 *** （0. 0345）	0. 2166 *** （0. 0350）	0. 2306 *** （0. 0355）	0. 2046 *** （0. 0348）	0. 2205 *** （0. 0342）
TIS	0. 0413 （0. 0357）	0. 0351 （0. 0365）	0. 0456 （0. 0351）	0. 0999 *** （0. 0361）	0. 0704 ** （0. 0358）	0. 0772 ** （0. 0333）

变量	GVCF			GVCB		
	(1)	(2)	(3)	(4)	(5)	(6)
TOS	0.0418 (0.0681)	0.0290 (0.0698)	0.0495 (0.0670)	0.1515 ** (0.0659)	0.1093 (0.0692)	0.0975 (0.0614)
TEP	0.1118 (0.1742)	0.1211 (0.1754)	0.1124 (0.1745)	0.0861 (0.1689)	0.0279 (0.1728)	0.1163 (0.1689)
TTI	0.8305 *** (0.1775)	0.7948 *** (0.1781)	0.8858 *** (0.1823)	1.0063 *** (0.1917)	0.8326 *** (0.1864)	0.8935 *** (0.1763)
R^2	0.901	0.900	0.901	0.904	0.899	0.905
不可识别检验统计量	89.362 ***	88.587 ***	64.950 ***	54.530 ***	83.894 ***	86.547 ***
弱工具变量检验统计量	115.591 [19.93]	112.861 [19.93]	56.686 [19.93]	41.790 [19.93]	97.941 [19.93]	106.053 [19.93]
过度识别检验统计量	0.123	0.996	0.409	0.020	0.009	0.040
N	154	154	154	154	154	154

注：括号内为标准误，方括号内数值为 *Stock - Yogo* 检验 10% 水平上的临界值，*** p < 0.01，** p < 0.05，* p < 0.1。

6.2.3 扩展分析

前文分析了全球价值链参与度对中国制造业工艺升级与产品升级协调发展的影响，尚未区分阶段性以及不同特征行业的影响。接下来，本节将对上述影响进行深入分析。

6.2.3.1 阶段性影响

考虑到 2008 年全球金融危机前后全球价值链参与度对工艺升级与产品升级协调发展可能造成影响，为此本节以 2008 年为界，考察 2003 ~ 2008 年和 2009 ~ 2014 年两个时间阶段内两者的关系，回归结果见表

6.7 和表 6.8。其中表 6.7 显示了全球价值链前向参与度、简单前向参与度和复杂前向参与度对制造业工艺升级与产品升级协调发展影响的回归结果，其中第（1）~（3）列为 2003~2008 年的估计结果，第（4）~（6）列为 2009~2014 年的估计结果；表 6.8 显示了全球价值链后向参与度、简单后向参与度和复杂后向参与度对制造业工艺升级与产品升级协调发展影响的回归结果，其中第（1）~（3）列为 2003~2008 年的估计结果，第（4）~（6）列为 2009~2014 年的估计结果。

表 6.7 　　　　　　　　　　　　**阶段性回归结果（1）**

变量	GVCF					
	2003~2008 年			2009~2014 年		
	（1）	（2）	（3）	（4）	（5）	（6）
GVC	0.4777 ** (0.2307)			-0.0774 (0.3467)		
GVCS		0.8554 ** (0.3734)			-0.0974 (0.5414)	
GVCC			0.7874 (0.5265)			-0.2197 (0.8083)
控制变量	控制	控制	控制	控制	控制	控制
CONSTANT	-1.7453 *** (0.2231)	-1.7569 *** (0.2206)	-1.6889 *** (0.2241)	-1.0226 *** (0.2985)	-1.0195 *** (0.3083)	-1.0359 *** (0.2900)
R^2	0.905	0.907	0.902	0.910	0.910	0.910
行业效应	控制	控制	控制	控制	控制	控制
年份效应	控制	控制	控制	控制	控制	控制
N	84	84	84	84	84	84

注：括号内为标准误，*** p<0.01，** p<0.05，* p<0.1。

表 6.8 阶段性回归结果（2）

变量	GVCB					
	2003 ~ 2008 年			2009 ~ 2014 年		
	（1）	（2）	（3）	（4）	（5）	（6）
GVC	− 0.1549 （0.2756）			0.0361 （0.4368）		
GVCS		0.4611 （0.3234）			− 0.3495 （0.4462）	
GVCC			− 0.4351 * （0.2562）			0.2827 （0.3792）
控制变量	控制	控制	控制	控制	控制	控制
CONSTANT	− 1.5424 *** （0.2243）	− 1.5752 *** （0.2119）	− 1.4744 *** （0.2191）	− 1.0386 *** （0.2900）	− 0.9903 *** （0.2950）	− 1.0013 *** （0.2929）
R^2	0.899	0.902	0.903	0.910	0.911	0.910
行业效应	控制	控制	控制	控制	控制	控制
年份效应	控制	控制	控制	控制	控制	控制
N	84	84	84	84	84	84

注：括号内为标准误，*** $p < 0.01$，** $p < 0.05$，* $p < 0.1$。

从前向参与度视角，根据表 6.8 可知，两个时间阶段内，全球价值链前向参与度、简单前向参与度和复杂前向参与度的估计系数在 2003 ~ 2008 年分别是显著为正、显著为正和不显著为正，但在 2009 ~ 2014 年均是不显著为负，说明全球价值链前向参与度、简单前向参与度和复杂前向参与度对制造业工艺升级与产品升级协调发展的影响具有阶段性特征，同时也表明金融危机改变了全球价值链前向参与度、简单前向参与度和复杂前向参与度对制造业工艺升级与产品升级协调发展的促进作用。

从后向参与度视角，根据表6.8可知，两个时间阶段内，全球价值链后向参与度和复杂后向参与度的估计系数在2003～2008年均为负，但全球价值链后向参与度的估计系数不显著，而简单后向参与度表现为不显著为正；在2009～2014年全球价值链后向参与度、简单后向参与度和复杂后向参与度的估计系数均不显著，但简单后向参与度表现为负，这说明全球价值链后向参与度、简单后向参与度和复杂后向参与度对制造业工艺升级与产品升级协调发展的影响具有阶段性特征，同时也表明金融危机改变了全球价值链后向参与度、简单后向参与度和复杂后向参与度对制造业工艺升级与产品升级协调发展的作用。

为了进一步验证上述结论，本节在（6.8）式的基础上引入金融危机虚拟变量（TFC），以及全球价值链参与度与金融危机虚拟变量（2003～2008年取0；2009～2014年取1）的交乘项（$GVC \times TFC$），回归结果见表6.9，其中第（1）～（3）列为金融危机是否改变全球价值链前向参与度对制造业工艺升级与产品升级协调发展影响的回归结果，第（4）～（6）列为金融危机是否改变全球价值链后向参与度对制造业工艺升级与产品升级协调发展影响的回归结果。根据回归结果可知，从前向参与度视角，全球价值链前向参与度、简单前向参与度和复杂前向参与度与金融危机交乘项的估计系数均为负，且至少在5%显著性水平下显著，这进一步验证了金融危机弱化了全球价值链前向参与度、简单前向参与度、复杂前向参与度对工艺升级与产品升级协调发展正向影响这一结论。从后向参与度视角，全球价值链后向参与度和复杂后向参与度与金融危机交乘项的估计系数均为负，且在1%显著性水平下显著，这进一步验证了金融危机弱化了全球价值链后向参与度、复杂后向参与度对工艺升级与产品升级协调发展正向影响这一结论。而全球价值链简单后向参与度与金融危机交乘项的估计系数不显著，表明全球价值链简单后向参与度对工艺升级与产品升级协调发展的影响不受金融危机的影响。

表 6.9   金融危机影响的估计结果

变量	GVCF			GVCB		
	（1）	（2）	（3）	（4）	（5）	（6）
TFC	−0.0187 (0.0348)	−0.0220 (0.0360)	−0.0143 (0.0346)	0.0177 (0.0350)	−0.0211 (0.0365)	0.0141 (0.0346)
GVC	0.3571 ** (0.1383)			−0.0131 (0.2251)		
GVC × TFC	−0.3125 *** (0.0724)			−0.3255 *** (0.0784)		
GVCS		0.5196 ** (0.2284)			−0.3414 (0.2943)	
GVCS × TFC		−0.5163 *** (0.1451)			0.0140 (0.1398)	
GVCC			0.7610 ** (0.3438)			0.0251 (0.2764)
GVCC × TFC			−0.5342 *** (0.1334)			−0.2845 *** (0.0880)
控制变量	控制	控制	控制	控制	控制	控制
CONSTANT	−1.1258 *** (0.1664)	−1.2134 *** (0.1705)	−1.0900 *** (0.1655)	−0.9851 *** (0.1715)	−1.3145 *** (0.1698)	−0.9383 *** (0.1769)
R^2	0.948	0.945	0.947	0.945	0.936	0.944
行业效应	控制	控制	控制	控制	控制	控制
年份效应	控制	控制	控制	控制	控制	控制
N	168	168	168	168	168	168

注：括号内为标准误，*** $p < 0.01$，** $p < 0.05$，* $p < 0.1$。

6.2.3.2 行业异质性

由于中国制造业各行业间技术水平存在较大差异，因此全球价值链参与度对不同技术水平行业下工艺升级与产品升级协调发展的影响可能存在差异。为此，本节参考吕越等（2018）的做法，将行业分成高技术行业和中低技术行业两类，即将化学原料及化学制品制造业、化学纤维制造业；医药制造业；通信设备、计算机及其他电子设备制造业；电气机械及器材制造业；交通运输设备制造业划分为高技术行业，其他行业划分为中低技术行业，并分别进行回归，回归结果见表6.10和表6.11。

表 6.10　　　　　　　　　　异质性回归结果（1）

变量	GVCF					
	中低技术			高技术		
	（1）	（2）	（3）	（4）	（5）	（6）
GVC	0.2542 (0.1634)			0.6129 ** (0.2516)		
GVCS		0.4546 * (0.2653)			1.0843 *** (0.3986)	
GVCC			0.4240 (0.3748)			1.2866 * (0.6621)
控制变量	控制	控制	控制	控制	控制	控制
CONSTANT	− 0.7876 *** (0.1710)	− 0.8185 *** (0.1756)	− 0.7306 *** (0.1638)	− 1.6344 *** (0.2927)	− 1.5841 *** (0.2882)	− 1.6935 *** (0.3023)
R^2	0.933	0.933	0.932	0.987	0.987	0.986
行业效应	控制	控制	控制	控制	控制	控制
年份效应	控制	控制	控制	控制	控制	控制
N	108	108	108	60	60	60

注：括号内为标准误，*** $p < 0.01$，** $p < 0.05$，* $p < 0.1$。

表 6.11   **异质性回归结果（2）**

变量	GVCB					
	中低技术			高技术		
	（1）	（2）	（3）	（4）	（5）	（6）
GVC	0.5790 *** (0.2116)			0.7820 (0.5697)		
GVCS		0.9115 *** (0.3200)			− 1.2064 (0.8035)	
GVCC			0.1684 (0.2123)			1.8433 *** (0.6012)
控制变量	控制	控制	控制	控制	控制	控制
CONSTANT	− 0.6906 *** (0.1525)	− 0.7393 *** (0.1532)	− 0.6743 *** (0.1591)	− 1.5241 *** (0.3174)	− 1.9846 *** (0.3872)	− 1.9247 *** (0.2973)
R^2	0.936	0.937	0.931	0.986	0.986	0.988
行业固定效应	控制	控制	控制	控制	控制	控制
年份固定效应	控制	控制	控制	控制	控制	控制
N	108	108	108	60	60	60

注：括号内为标准误，*** $p < 0.01$，** $p < 0.05$，* $p < 0.1$。

从前向参与度视角，表 6.10 显示了全球价值链前向参与度、简单前向参与度、复杂前向参与度对制造业工艺升级与产品升级协调发展影响的回归结果，其中第（1）~（3）列为中低技术制造业的回归结果，而第（4）~（6）列为高技术制造业的回归结果。根据表 6.10 可知，行业异质性下全球价值链前向参与度对工艺升级与产品升级协调发展的影响存在差异。具体来看，全球价值链前向参与度（GVC）和复杂前向参与度（GVCC）均对中低制造业工艺升级与产品升级协调发展具有不显著正向影响，而对高技术制造业表现为显著正向影响，简单前向参与度（GVCS）对中低技术制造业和高技术制造业均表现为显著正向影响，表明全球价值链参与度能够促进高技术制造业工艺升级与产品升级协调发展水平的提升，而在中低技术制造业中仅简单前向参与度表现为显著促进作用。主要原因在于，与中低技术制造业不同，高技术制造业具有较高的技术溢出吸收能力，并且中低技术制造业在全球价值链高附加值环节往往承担较低附加值活动。

从后向参与度视角，表6.11显示了全球价值链后向参与度、简单后向参与度、复杂后向参与度对制造业工艺升级与产品升级协调发展影响的回归结果，其中第（1）～（3）列为中低技术制造业的回归结果，而第（4）～（6）列为高技术制造业的回归结果。根据表6.11可知，行业异质性下全球价值链后向参与度对工艺升级与产品升级协调发展的影响存在差异。具体来看，全球价值链后向参与度（GVC）和简单后向参与度（GVCS）均对中低制造业工艺升级与产品升级协调发展具有显著正向影响，而对高技术制造业表现为不显著影响，表明全球价值链后向参与度和简单后向参与度能够促进中低技术制造业工艺升级与产品升级协调发展水平的提升。而复杂后向参与度（GVCC）对高技术制造业工艺升级与产品升级协调发展具有显著正向影响，对中低技术制造业表现为不显著影响，表明复杂后向参与度能够提升高技术制造业工艺升级与产品升级协调发展水平。

6.2.3.3 全球价值链治理模式的影响

根据前文可知，全球价值链参与度对中国制造业工艺升级与产品升级协调发展水平具有差异性，那么不同全球价值链治理模式带来的影响是否也存在差异？接下来，本节将对上述问题进行深入分析。

全球价值链治理模式包括市场型、网络型和层级型三种。全球价值链治理模式对产业升级具有重要影响（Schmitz，2004）。为考察不同的全球价值链治理模式对工艺升级与产品升级协调发展的影响是否存在差异，本节借鉴黄凌云等（2018）对上述三种治理模式的测度，运用计量模型进行检验，估计结果见表6.12。

表6.12　治理模式影响的回归结果

变量	(1)	(2)	(3)	(4)	(5)	(6)	(7)	(8)	(9)
TUD	-0.0591*** (0.0205)			-0.0611*** (0.0215)			-0.0358*** (0.0125)		
ASD		-0.0143 (0.0372)			-0.0109 (0.0390)			-0.0075 (0.0227)	
VID			0.0252 (0.0832)			0.0223 (0.0871)			0.0066 (0.0507)
控制变量	控制	控制	控制	控制	控制	控制	控制	控制	控制
$CONSTANT$	-1.2002*** (0.1543)	-1.3264*** (0.1595)	-1.3262*** (0.1627)	-1.2385*** (0.1617)	-1.3647*** (0.1672)	-1.3665*** (0.1704)	-0.6991*** (0.0940)	-0.7743*** (0.0972)	-0.7700*** (0.0991)
R^2	0.939	0.936	0.936	0.931	0.927	0.927	0.928	0.924	0.924
行业效应	控制	控制	控制	控制	控制	控制	控制	控制	控制
年份效应	控制	控制	控制	控制	控制	控制	控制	控制	控制
N	168	168	168	168	168	168	168	168	168

注：括号内为标准误，*** $p < 0.01$，** $p < 0.05$，* $p < 0.1$。

表 6.12 显示了全球价值链治理模式对中国制造业工艺升级与产品升级协调发展影响的回归结果。根据表 6.12 可知，三种全球价值链治理模式对中国制造业工艺升级与产品升级协调发展的影响存在差异。市场型（TUD）的估计系数为负，且在 5% 显著性水平下显著，而网络型（ASD）和层级型（VID）的估计系数分别为不显著为正和不显著为负。引起上述差异的原因可能是：市场型的治理模式存在于发展中国家拥有核心技术和竞争优势的产品中，具有技术势力、市场势力或者生产要素的独特禀赋性，具备较高的技术门槛，从而对工艺升级有阻碍作用，进而影响工艺升级与产品升级协调发展。在网络型的治理模式中，发展中国家本土企业受发达国家跨国企业的控制，存在技术赶超和价值攀升的限度，从而阻碍其工艺升级和产品升级，进而影响工艺升级与产品升级协调发展。在层级型的治理模式中，发达国家跨国企业利用外商直接投资的方式在发展中国家建立子公司，并对子公司进行控制与运作，本土企业尽管可以获得技术溢出，促进工艺升级，但由于存在较高的技术吸收能力的门槛效应，较难促进产品升级，从而影响了工艺升级与产品升级的协调发展。为验证上述结论的稳健性，本节变换被解释变量进行回归，回归结果见表 6.12 中的第（4）~（9）列。从中可以看出，核心解释变量的正负性和显著性基本没有变化，说明上述结论具有稳健性。

6.3 本章小结

本章首先测度并分析了中国制造业工艺升级和产品升级协调发展水平及其典型事实，同时基于增加值和最终产品生产分解方法测算了制造业全球价值链的参与度，并分析其典型事实。其次，采用双向固定效应模型实证研究了全球价值链嵌入程度对中国制造业工艺升级和产品升级协调发展的影响。研究发现：

（1）制造业工艺升级和产品升级的耦合协调发展水平存在行业异

质性，从发展趋势看其增速较快的制造业主要集中在高技术制造业中。

（2）考察期内中国制造业全球价值链前向参与度和后向参与度存在差异，并且其演进趋势均表现为 M 形。

（3）从前向参与度来看，全球价值链前向参与度、简单前向参与度和复杂前向参与度促进了制造业工艺升级与产品升级协调发展水平提升；从后向参与度来看，与简单后向参与度不同，全球价值链后向参与度和复杂后向参与度对制造业工艺升级与产品升级协调发展水平的提升具有促进作用。

（4）全球价值链参与度对制造业工艺升级与产品升级协调发展水平的影响存在异质性。从阶段性影响看，金融危机改变并弱化了全球价值链参与度对制造业工艺升级与产品升级协调发展的影响。从行业异质性看，全球价值链前向参与度、简单前向参与度和复杂前向参与度促进了高技术制造业工艺升级与产品升级协调发展水平的提升，但对中低技术制造业的影响不显著；全球价值链后向参与度和简单后向参与度对中低技术制造业工艺升级与产品升级协调发展具有促进作用，复杂后向参与度促进了高技术制造业工艺升级与产品升级协调发展水平的提升。从治理模式看，市场型治理模式不利于制造业工艺升级与产品升级协调发展，而网络型和层级型则表现为不显著影响。

第7章

研究结论与政策建议

7.1 研究结论

随着全球价值链分工的不断深入，研究全球价值链嵌入对中国产业升级的影响对于新时代中国顺利实现产业升级，推动经济高质量发展具有重要的理论意义和现实意义。为此，本书首先构建了全球价值链嵌入影响产业升级的理论框架，并深入分析了全球价值链嵌入影响技术创新进而对产业升级影响的作用机制；其次，本书实证分析了全球价值链嵌入对中国产业升级的影响；再次，本书考察了中国产业升级路径协调发展的收敛性；最后，本书实证研究了全球价值链嵌入对中国产业升级路径协调发展的影响。研究结论如下。

第一，全球价值链嵌入影响产业升级的作用机制包括直接作用机制和间接作用机制。其中，直接作用机制表现为全球价值链嵌入的规模效应、竞争效应和产业关联效应促进产业升级；全球价值链嵌入的低端锁定效应、技术吸收能力的门槛效应和挤出效应抑制产业升级。间接作用机制表现为全球价值链嵌入通过创新驱动效应和人力资本积累效应影响产业升级。

第二，全球价值链嵌入对中国产业升级的影响。（1）改革开放以来中国存在由选择性产业政策向功能性产业政策演进的趋势。中国制造业工艺升级和产品升级的综合发展水平整体表现为上升趋势。（2）考察期内，中低技术制造业的全球价值链的位置指数与高技术制造业相比普遍较高。与大部分高技术制造业不同，考察期内大部分中低技术制造业的全球价值链的位置指数整体上呈上升趋势。（3）总体上，全球价值链嵌入位置的提升有助于制造业工艺升级，但不利于制造业产品升级。从阶段性影响看，金融危机发生后，全球价值链嵌入位置对制造业工艺升级与产品升级影响不显著。但是，金融危机弱化了全球价值链嵌入位置对制造业工艺升级和产品升级的影响。从行业异质性看，与高技术制造业不同，全球价值链嵌入位置的提升能够显著影响中低技术制造业工艺升级和产品升级。从治理模式看，市场型和网络型治理模式均不利于制造业工艺升级，而网络型治理模式不利于制造业产品升级。（4）影响机制检验表明，全球价值链嵌入位置通过中间品进口促进制造业工艺升级和产品升级；全球价值链嵌入位置通过引进外资和对外投资对制造业工艺升级和产品升级产生抑制作用；全球价值链嵌入位置通过人力资本对制造业产品升级产生抑制作用，但其对制造业工艺升级不存在人力资本的中介效应。

第三，中国产业升级路径协调发展水平及其收敛性。（1）工艺升级与产品升级存在互动效应，并且中国产品升级综合发展水平的增速快于工艺升级，以及中国工艺升级和产品升级耦合协调发展水平呈上升趋势。从行业层面看，劳动密集型制造业、资本密集型制造业和技术密集型制造业工艺升级和产品升级耦合协调发展水平均呈持续上升态势，但存在行业异质性。从区域层面看，东部地区、中部地区和西部地区工艺升级与产品升级耦合协调发展水平均呈逐年上升趋势，但存在区域发展不平衡性。（2）考察期内制造业总体、劳动密集型制造业、资本密集型制造业和技术密集型制造业的工艺升级与产品升级耦合协调发展水平均能够在短期内缩小与其平均水平的差距，并且能够收敛到各自的稳态水平，实现行业平衡发展。从影响因素看，人力资本是制造业工艺升级和产品升级耦合协调发展收敛的首要影响因素，但存在行业异质性。（3）考察期内中国工艺升级与产品升级耦合协调程度存在空间相关性，大部分省份位于 *HH* 型集聚区和 *LL* 型集聚区，少部分省份位于 *LH* 型集聚区和 *HL* 型集聚区。从收敛趋势看，考察期内全国层面、东部地区层面、中部地区层面和西部地区层面工艺升级与产品升级耦合协调度均能够在短期内缩小与其平均水平的差距，并且能够收敛到各自的稳态水平，实现区域协调发展。与东部地区和中部地区相比，西部地区绝对收敛速度和条件收敛速度均最快。从影响因素看，人力资本是中国工艺升级和产品升级耦合协调发展收敛的影响因素，但存在区域差异。

第四，全球价值链嵌入对中国产业升级路径协调发展的影响。（1）制造业工艺升级和产品升级的耦合协调发展水平存在行业异质性，从发展趋势看其增速较快的制造业主要集中在高技术制造业中。（2）考察期内中国制造业全球价值链前向参与度和后向参与度存在差异，并且其演进趋势均表现为 *M* 形。（3）从前向参与度来看，全球价值链前向参与度、简单前向参与度和复杂前向参与度促进了制造业工艺升级与产品升级协调发展水平提升；从后向参与度来看，与简单后向参与度不同，全球价值链后向参与度和复杂后向参与度对制造业工艺升级与产品升级协调发展水平提升具有促进作用。（4）全球价值链参与度对制造业工艺升级与产品升级协调发展水平的影响存在异质性。从阶段性影响看，金融危机改变并弱化了全球价值链参与度对制造业工艺升级与产品升级协调发展的影响。从行业异质性看，全球价值链前向参与度、简单前向参与度和复杂前向参与度促进了高技术制造业工艺升级与产品升级协调发展水平的提升，但对中低技术制造业的影响不显著；全球价值链后向参与度和简单后向参与度对中低技术制造业工艺升级与产品升级协调发展具有促进作用，而复杂后向参与度促进了高技术制造业工艺升级与产品升级协调发展水平的提升。从治理模式看，市场型治理模式不利于制造业工艺升级与产品升级的协调发展，而网络型和层级型则表现为不显著影响。

7.2 政策建议

根据前文理论分析和实证研究的结论，现提出以下对策建议：

第一，充分利用全球价值链的产业升级效应，借助全球新一轮科技革命和产业变革创造竞争优势，深度参与发达国家主导的全球价值链，并创建本国主导的合作共赢的全球价值链，破除面临的"双向挤压"的严峻挑战，同时培育高端生产要素，促进中国产品升级和工艺升级，避免"高端产业低端化"和"高技术不高"现象的发生。具体政策措施如下：

（1）本书研究表明，全球价值链嵌入的规模效应、竞争效应、产业关联效应能够促进产业升级。因此，政府应该制定支持企业扩大规模的政策、创造良好的产业竞争环境和制定国外企业与本土企业合作的优惠政策，而企业应该结合要素禀赋，适度调整企业规模，培养竞争优势，加强与上下游企业之间的关联。同时，本书研究表明全球价值链的低端锁定效应、技术吸收能力的门槛效应和挤出效应能够抑制产业升级。因此，应该在依赖现有比较优势适应全球要素分工发展趋势（金京等，2013）的基础上，借助全球新一轮科技革命、产业变革创造竞争优势，从而规避"低端锁定"和"挤出"的风险。并且，加强技术吸收能力的培养，从而跨越技术吸收能力的门槛效应。

（2）本书研究表明，全球价值链嵌入位置的提升有利于制造业工艺升级，但不利于制造业产品升级，并且存在行业异质性。在发达国家价值链环流中，中国企业通过提升技术促进分工地位攀升的空间逐步收窄；引领发展中国家价值链环流有利于中国产业向价值链中高端攀升（洪俊杰和商辉，2019）。因此，企业应该通过延伸前向参与度和后向参与度，深度参与发达国家主导的全球价值链，分层次改善制造业在全球价值链中的位置和参与程度，促进工艺升级，同时依托"一带一路"

倡议，创建本国主导的合作共赢的全球价值链，促进产品升级，从而破除面临的"双向挤压"的严峻挑战。

（3）本书研究表明，全球价值链嵌入对工艺升级和产品升级的影响还与创新驱动效应和人力资本积累效应有关。因此，政府应该进一步实施创新驱动发展战略、完善产业创新环境和培育高技能人才，从而促进企业进行工艺升级和产品升级，并且促进全球价值链嵌入对制造业工艺升级和产品升级的激励作用，从而避免"高端产业低端化"和"高技术不高"现象的发生。为了实施创新驱动发展战略，应当通过精简外资准入负面清单和减免中间品进口关税吸引外商资本和进口中间品等国际高端生产要素，鼓励企业走出去，引进来和走出去协调发展，提高科技创新能力；为了完善产业创新环境，应当构建与产业变革相适应的产业创新制度，建立适应产业创新发展的知识产权保护制度；为了培育高技能人才，应当推动人力资源改革，加强职业培训，制定人才优惠政策。

第二，理性看待产业升级形态的转变和发展规律，通过协调发展理念合理分配有限资源，明确工艺升级和产品升级协调发展的特征，建立区域协调发展新机制，实现中国工艺升级与产品升级协调发展。具体政策措施如下：

（1）本书研究表明，工艺升级与产品升级存在互动效应，并且中国产品升级综合发展水平的增速快于工艺升级。因此，企业应结合工艺升级和产品升级现状合理分配有限资源，提升企业资源利用效率和生产率，同时也有助于工艺水平的提升和产品质量的提高。这不仅能够促进工艺升级和产品升级有效组合，也符合党的十九大报告提出的"要创造更多物质财富和精神财富以满足人民日益增长的美好生活需要"的要求。

（2）本书研究表明，中国工艺升级与产品升级协调发展水平存在行业异质性、空间相关性和区域不平衡性。为此，中国政府应该结合行业特征制定产业升级政策，不仅需要考虑本省的产业发展现状，也需要了解其他地区的产业相关政策。同时，鼓励劳动力跨地区转移，实现研发要素自由流动，促使产业政策有效发挥区域协同效应，快速提升工艺升级与产品升级的协调发展水平。与此同时，在吸引研发资金和研发人员政策方面向中西部地区倾斜，缩小区域间工艺水平、产品质量和技术复杂度的差距，推进中西部地区工艺升级和产品升级协调发展，实现各区域协调发展。

（3）本书研究表明，中国工艺升级与产品升级耦合协调程度在短期内缩小了与其平均水平的差距，并且能够收敛到各自的稳态水平，实现区域协调发展，并且收敛速度存在行业异质性和区域不平衡性。因此，中国应该建立有效的区域协调发展新机制。建设西部地区和东部地区相互交流的平台，推进西部地区形成全面开放的新格局，促进西部地区引进和利用东部地区甚至发达国家的技术和资金，加速缩小省份间工艺升级与产品升级协调发展水平的差距；借助优势产业如装备制造业促进中部地区快速发展，成为东部地区和西部地区技术和资金转移的桥梁，提升工艺升级与产品升级协调发展水平的增长率；通过科技创新与产业发展融合路径推动东部地区优先发展，实现应用领域的创新突破并培育新业态，带动中部地区和西部地区发展，从而实现区域协调发展。

第三，利用全面开放新格局，积极参与全球价值链和全球治理体系变革，提升整合全球优势资源的能力，实现国际资源和国内资源互补，防止发达国家恶意发动双边经贸摩擦，通过创新驱动快速实现产业升级，推动经济高质量发展。具体政策措施如下：

（1）本书研究表明，全球价值链前向参与度有助于制造业工艺升级与产品升级协调发展水平的提升，但全球价值链后向参与度的表现存在差异。为此，中国应该利用全面开放新格局，积极参与全球价值链和全球治理体系变革，力争从前端中间品生产和后端加工制造两个角度融入全球价值链，从而促进工艺升级与产品升级协调发展，快速实现产业升级。

（2）本书研究表明，全球价值链参与度对制造业工艺升级与产品升级协调发展水平的影响存在异质性。为此，中国应该在参与全球治理的过程中吸收国际资源，提升整合全球优势资源能力和技术吸收能力，避免发达国家跨国企业将中国中低技术行业锁定在全球价值链低端，阻碍高技术行业向全球价值链中高端攀升，同时应该实现国际资源和国内资源互补，提升应对外生冲击的能力，防止发达国家恶意发动双边经贸摩擦，为中国工艺升级和产品升级服务，从而降低全球价值链参与度对中国制造业工艺升级与产品升级协调发展的抑制作用，实现全球价值链嵌入促进制造业产业升级的功能。此外，政府应该营造良好的企业创新环境，引导企业进行自主研发，而企业应该加强全球价值链中上游企业与下游企业的联系，引进先进技术和高技术人才，促进中国工艺升级与产品升级协调发展，从而实现产业升级，推动经济高质量发展。

7.3 研究展望

本书从工艺升级和产品升级视角构建了全球价值链嵌入影响产业升级的理论框架，并深入分析全球价值链嵌入影响产业升级的作用机制，拓展了产业升级的理论研究，同时为相关实证研究奠定了坚实的理论基础。在理论分析的基础上，本书从过程视角系统考察全球价值链嵌入对中国产业升级的影响，丰富了产业升级的研究视角。接下来本书运用耦合协调模型系统评估中国工艺升级与产品升级协调发展水平，丰富了产业升级事实测度的研究，并进一步从艺升级与产品升级协调发展的视角考察全球价值链嵌入对中国产业升级的影响，拓宽了现有研究领域。但是，囿于研究问题的重要性和数据限制，本书有待进一步深入研究，具体如下：

第一，随着全球价值链分工的深入发展，中国产业升级的重点可能会转向功能升级和跨产业升级，今后可以深入探讨全球价值链嵌入对功能升级和跨产业升级的影响。鉴于当前中国主要面临工艺升级和产品升级问题，本书仅从工艺升级和产品升级两个角度考察全球价值链嵌入影响产业升级的理论分析和实证研究，并且考察了中国工艺升级与产品升级协调发展的收敛性，以及探讨了全球价值链嵌入对中国工艺升级与产品升级协调发展的影响。

第二，随着数据的不断更新和完善，今后可以获取样本量更大的行业层面数据实证验证全球价值链嵌入对产业升级的影响，同时可以从企业层面深入探讨全球价值链背景下的产业升级问题。本书尽管从不同视角实证考察了全球价值链嵌入对产业升级的影响，但囿于数据限制，基于投入产出模型测算的行业全球价值链的数据截至 2014 年，而海关数据库和工业企业数据库匹配后的企业数据无法准确反映中国企业工艺升级与产品升级现状，因此本书主要运用考察期较短的行业层面数据进行实证检验，尚未涉及企业层面数据。

参 考 文 献

[1] 安苑，王珺. 财政行为波动影响产业结构升级了吗? ——基于产业技术复杂度的考察 [J]. 管理世界，2012 (9)：19 - 35 + 187.

[2] 白玫，刘新宇. 中国对外直接投资对产业结构调整影响研究 [J]. 国际贸易，2014 (2)：38 - 43.

[3] 白雪梅，赵松山. 浅议地区间产业结构差异的测度指标 [J]. 江苏统计，1995 (12)：17 - 20.

[4] 毕克新，付珊娜，杨朝均，李妍. 制造业产业升级与低碳技术突破性创新互动关系研究 [J]. 中国软科学，2017 (12)：141 - 153.

[5] 蔡昉. 人口转变、人口红利与刘易斯转折点 [J]. 经济研究，2010，45 (4)：4 - 13.

[6] 陈继勇，盛杨怿. 外国直接投资与我国产业结构调整的实证研究——基于资本供给和知识溢出的视角 [J]. 国际贸易问题，2009 (1)：94 - 100.

[7] 陈静，叶文振. 产业结构优化水平的度量及其影响因素分析——兼论福建产业结构优化的战略选择 [J]. 中共福建省委党校学报，2003 (1)：44 - 49.

[8] 陈启斐，王晶晶，黄志军. 参与全球价值链能否推动中国内陆地区产业集群升级 [J]. 经济学家，2018 (4)：42 - 53.

[9] 陈群元. 城市群协调发展研究 [D]. 东北师范大学，2009.

[10] 陈岩. 中国对外投资逆向技术溢出效应实证研究：基于吸收

能力的分析视角 [J]. 中国软科学, 2011 (10): 61 – 72.

[11] 程时雄, 柳剑平. 中国工业行业 R&D 投入的产出效率与影响因素 [J]. 数量经济技术经济研究, 2014, 31 (2): 36 – 51 + 85.

[12] 代谦, 别朝霞. 人力资本、动态比较优势与发展中国家产业结构升级 [J]. 世界经济, 2006 (11): 70 – 84 + 96.

[13] 戴翔, 金碚. 产品内分工、制度质量与出口技术复杂度 [J]. 经济研究, 2014, 49 (7): 4 – 17 + 43.

[14] 邓丽娜, 范爱军. 国际技术溢出对中国制造业产业结构升级影响的实证研究 [J]. 河北经贸大学学报, 2014, 35 (4): 96 – 100.

[15] 邓向荣, 曹红. 产业升级路径选择: 遵循抑或偏离比较优势——基于产品空间结构的实证分析 [J]. 中国工业经济, 2016 (2): 52 – 67.

[16] 杜龙政, 林润辉. 对外直接投资、逆向技术溢出与省域创新能力——基于中国省际面板数据的门槛回归分析 [J]. 中国软科学, 2018 (1): 149 – 162.

[17] 段瑞君. 技术进步、技术效率与产业结构升级——基于中国 285 个城市的空间计量检验 [J]. 研究与发展管理, 2018, 30 (6): 106 – 116.

[18] 冯春晓. 我国对外直接投资与产业结构优化的实证研究——以制造业为例 [J]. 国际贸易问题, 2009 (8): 97 – 104.

[19] 傅家骥. 技术创新学 [M]. 北京: 清华大学出版社, 1998.

[20] 傅元海, 叶祥松, 王展祥. 制造业结构优化的技术进步路径选择——基于动态面板的经验分析 [J]. 中国工业经济, 2014 (9): 78 – 90.

[21] 干春晖, 郑若谷, 余典范. 中国产业结构变迁对经济增长和波动的影响 [J]. 经济研究, 2011, 46 (5): 4 – 16 + 31.

[22] 高远东, 张卫国, 阳琴. 中国产业结构高级化的影响因素研究 [J]. 经济地理, 2015, 35 (6): 96 – 101 + 108.

［23］高越，李荣林．国际生产分割、技术进步与产业结构升级［J］．世界经济研究，2011（12）：78－83＋86．

［24］高运胜，甄程成，郑乐凯．中国制成品出口欧盟增加值分解研究——基于垂直专业化分工的视角［J］．数量经济技术经济研究，2015，32（9）：73－88．

［25］葛秋萍，李梅．我国创新驱动型产业升级政策研究［J］．科技进步与对策，2013，30（16）：102－106．

［26］龚双红．中国产业集群升级研究［D］．中共中央党校，2009．

［27］管军，严骏，牛晓惠．京津冀一体化河北省钢铁产业转型升级效果评价指标体系构建及应用研究［J］．河北工程大学学报（社会科学版），2015，32（2）：1－5．

［28］郭克莎．外商直接投资对我国产业结构的影响研究［J］．管理世界，2000（2）：34－45＋63．

［29］国务院发展研究中心"国际经济格局变化和中国战略选择"课题组，李伟，隆国强，张琦，赵晋平，王金照，赵福军．未来15年国际经济格局变化和中国战略选择［J］．管理世界，2018，34（12）：1－12．

［30］韩永辉，黄亮雄，王贤彬．产业政策推动地方产业结构升级了吗？——基于发展型地方政府的理论解释与实证检验［J］．经济研究，2017，52（8）：33－48．

［31］何平，陈丹丹，贾喜越．产业结构优化研究［J］．统计研究，2014，31（7）：31－37．

［32］何兴强，欧燕，史卫，刘阳．FDI技术溢出与中国吸收能力门槛研究［J］．世界经济，2014，37（10）：52－76．

［33］洪俊杰，商辉．中国开放型经济的"共轭环流论"：理论与证据［J］．中国社会科学，2019（1）：42－64＋205．

［34］黄汉权．促进产业迈向全球价值链中高端［R/OL］．中国经济网，（2017－11－08）［2024－05－05］，http：//www.ce.cn/xwzx/

gnsz/gdxw/201711/08/t20171108_26795630. shtml.

[35] 黄亮雄,安苑,刘淑琳. 中国的产业结构调整:基于三个维度的测算 [J]. 中国工业经济,2013 (10):70-82.

[36] 黄凌云,范艳霞,刘夏明. 基于东道国吸收能力的 FDI 技术溢出效应 [J]. 中国软科学,2007 (3):30-34.

[37] 黄凌云,刘冬冬,谢会强. 对外投资和引进外资的双向协调发展研究 [J]. 中国工业经济,2018 (3):80-97.

[38] 黄茂兴,李军军. 技术选择、产业结构升级与经济增长 [J]. 经济研究,2009,44 (7):143-151.

[39] 黄宁,张国胜. 演化经济学中的技术赶超理论:研究进展与启示 [J]. 技术经济,2015,34 (9):32-37.

[40] 黄日福,陈晓红. FDI 与产业结构升级:基于中部地区的理论及实证研究 [J]. 管理世界,2007 (3):154-155.

[41] 黄文正. 人力资本积累与产业结构升级的关系——基于 VAR 模型的实证分析 [J]. 经济问题探索,2011 (3):24-27.

[42] 黄先海,韦畅. 中国制造业出口垂直专业化程度的测度与分析 [J]. 管理世界,2007 (4):158-159.

[43] 贾根良. 演化发展经济学与新结构经济学——哪一种产业政策的理论范式更适合中国国情 [J]. 南方经济,2018 (1):5-35.

[44] 贾妮莎,韩永辉,邹建华. 中国双向 FDI 的产业结构升级效应:理论机制与实证检验 [J]. 国际贸易问题,2014 (11):109-120.

[45] 简泽,张涛,伏玉林. 进口自由化、竞争与本土企业的全要素生产率——基于中国加入 WTO 的一个自然实验 [J]. 经济研究,2014,49 (8):120-132.

[46] 江飞涛,李晓萍. 改革开放四十年中国产业政策演进与发展——兼论中国产业政策体系的转型 [J]. 管理世界,2018,34 (10):73-85.

[47] 江飞涛,李晓萍. 当前中国产业政策转型的基本逻辑 [J].

南京大学学报（哲学·人文科学·社会科学），2015，52（3）：17 - 24 + 157.

［48］蒋丽丽，周丹. 完善我国产业结构升级的税收政策［J］. 管理世界，2015（9）：176 - 177.

［49］蒋兴明. 产业转型升级内涵路径研究［J］. 经济问题探索，2014（12）：43 - 49.

［50］金碚. 中国工业的转型升级［J］. 中国工业经济，2011（7）：5 - 14 + 25.

［51］金京，戴翔，张二震. 全球要素分工背景下的中国产业转型升级［J］. 中国工业经济，2013（11）：57 - 69.

［52］靖学青. 产业结构高级化与经济增长——对长三角地区的实证分析［J］. 南通大学学报（社会科学版），2005（3）：51 - 55.

［53］孔伟杰. 制造业企业转型升级影响因素研究——基于浙江省制造业企业大样本问卷调查的实证研究［J］. 管理世界，2012（9）：120 - 131.

［54］李博，胡进. 中国产业结构优化升级的测度和比较分析［J］. 管理科学，2008（2）：86 - 93.

［55］李东坤，邓敏. 中国省际 OFDI、空间溢出与产业结构升级——基于空间面板杜宾模型的实证分析［J］. 国际贸易问题，2016（1）：121 - 133.

［56］李逢春. 对外直接投资的母国产业升级效应——来自中国省际面板的实证研究［J］. 国际贸易问题，2012（6）：124 - 134.

［57］李力行，申广军. 经济开发区、地区比较优势与产业结构调整［J］. 经济学（季刊），2015，14（3）：885 - 910.

［58］李林木，汪冲. 税费负担、创新能力与企业升级——来自"新三板"挂牌公司的经验证据［J］. 经济研究，2017，52（11）：119 - 134.

［59］李平，张玉. 国际智力回流对中国产业结构升级影响的实证研究［J］. 科学学与科学技术管理，2012，33（12）：160 - 166.

［60］李强. 环境规制与产业结构调整——基于 Baumol 模型的理论分析与实证研究［J］. 经济评论，2013（5）：100－107＋146.

［61］李伟庆，聂献忠. 产业升级与自主创新：机理分析与实证研究［J］. 科学学研究，2015，33（7）：1008－1016.

［62］李小平，卢现祥，朱钟棣. 国际贸易、技术进步和中国工业行业的生产率增长［J］. 经济学（季刊），2008（2）：549－564.

［63］李晓萍，罗俊. 欧盟产业政策的发展与启示［J］. 学习与探索，2017（10）：105－112.

［64］李应博，刘震涛. 国际产业转移背景下两岸产业协调发展：现况、机制与对策［J］. 国际经济评论，2011（3）：6＋148－160.

［65］李永友，严岑. 服务业"营改增"能带动制造业升级吗？［J］. 经济研究，2018，53（4）：18－31.

［66］梁树广. 产业结构升级影响因素作用机理研究［J］. 商业研究，2014（7）：26－33.

［67］廖重斌. 环境与经济协调发展的定量评判及其分类体系——以珠江三角洲城市群为例［J］. 热带地理，1999（2）：76－82.

［68］林毅夫. 自生能力、经济发展与转型：理论与实证［M］. 北京：北京大学出版社，2004.

［69］林毅夫，蔡昉，李周. 比较优势与发展战略——对"东亚奇迹"的再解释［J］. 中国社会科学，1999（5）：4－20＋204.

［70］刘斌，魏倩，吕越，祝坤福. 制造业服务化与价值链升级［J］. 经济研究，2016，51（3）：151－162.

［71］刘冬冬，董景荣，王亚飞. 行业特征、要素禀赋结构与技术进步路径选择——基于中国装备制造业的实证检验［J］. 科研管理，2017，38（9）：132－141.

［72］刘建民，陈霞，吴金光. 湖南省产业转型升级的水平测度及其影响因素的实证分析［J］. 湖南社会科学，2015（1）：143－147.

［73］刘丽，任保平. 工资对产业结构升级的影响——基于中国经

济数据的分析［J］.财经科学，2011（6）：36－43.

［74］刘林川.虚拟经济与实体经济协调发展研究［D］.南开大学，2014.

［75］刘仕国，吴海英，马涛，张磊，彭莉，于建勋.利用全球价值链促进产业升级［J］.国际经济评论，2015（1）：5－6＋64－84.

［76］刘淑茹.产业结构合理化评价指标体系构建研究［J］.科技管理研究，2011，31（5）：66－69.

［77］刘伟，杨云龙.中国产业经济分析［M］.北京：中国国际广播出版社，1987.

［78］刘志彪，刘晓昶.垂直专业化：经济全球化中的贸易和生产模式［J］.经济理论与经济管理，2001（10）：5－10.

［79］刘志彪，吴福象."一带一路"倡议下全球价值链的双重嵌入［J］.中国社会科学，2018（8）：17－32.

［80］刘志彪，张杰.我国本土制造业企业出口决定因素的实证分析［J］.经济研究，2009，44（8）：99－112＋159.

［81］刘志彪，张杰.全球代工体系下发展中国家俘获型网络的形成、突破与对策——基于GVC与NVC的比较视角［J］.中国工业经济，2007（5）：39－47.

［82］刘志彪，张少军.中国地区差距及其纠偏：全球价值链和国内价值链的视角［J］.学术月刊，2008（5）：49－55.

［83］逯进，周惠民.中国省域人力资本与经济增长耦合关系的实证分析［J］.数量经济技术经济研究，2013，30（9）：3－19＋36.

［84］鲁万波，常永瑞，王叶涛.中国对外直接投资、研发技术溢出与技术进步［J］.科研管理，2015，36（3）：38－48.

［85］罗来军，史蕊，陈衍泰，罗雨泽.工资水平、劳动力成本与我国产业升级［J］.当代经济研究，2012（5）：36－42.

［86］罗伟，葛顺奇.跨国公司进入与中国的自主研发：来自制造业企业的证据［J］.世界经济，2015，38（12）：29－53.

[87] 吕越,陈帅,盛斌.嵌入全球价值链会导致中国制造的"低端锁定"吗?[J].管理世界,2018,34(8):11-29.

[88] 吕越,黄艳希,陈勇兵.全球价值链嵌入的生产率效应:影响与机制分析[J].世界经济,2017,40(7):28-51.

[89] 吕越,罗伟,刘斌.异质性企业与全球价值链嵌入:基于效率和融资的视角[J].世界经济,2015,38(8):29-55.

[90] 马大来,陈仲常,王玲.中国区域创新效率的收敛性研究:基于空间经济学视角[J].管理工程学报,2017,31(1):71-78.

[91] 马述忠,吴国杰.中间品进口、贸易类型与企业出口产品质量——基于中国企业微观数据的研究[J].数量经济技术经济研究,2016,33(11):77-93.

[92] 迈克尔·波特.国家竞争优势[M].北京:华夏出版社,2002.

[93] 毛其淋,许家云.中国企业对外直接投资是否促进了企业创新[J].世界经济,2014,37(8):98-125.

[94] 孟庆松,韩文秀.复合系统整体协调度模型研究[J].河北师范大学学报,1999(2):38-40+48.

[95] 倪红福.全球价值链位置测度理论的回顾和展望[J].中南财经政法大学学报,2019(3):105-117+160.

[96] 倪红福.全球价值链中产业"微笑曲线"存在吗?——基于增加值平均传递步长方法[J].数量经济技术经济研究,2016,33(11):111-126+161.

[97] 倪红福,龚六堂,夏杰长.生产分割的演进路径及其影响因素——基于生产阶段数的考察[J].管理世界,2016(4):10-23+187.

[98] 潘素昆,袁然.不同投资动机OFDI促进产业升级的理论与实证研究[J].经济学家,2014(9):69-76.

[99] 潘文卿,陈水源.产业结构高度化与合理化水平的定量测算——兼评甘肃产业结构优化程度[J].开发研究,1994(1):42-44.

[100] 彭俞超,方意.结构性货币政策、产业结构升级与经济稳定

［J］. 经济研究，2016，51（7）：29－42＋86.

［101］綦良群，李兴杰. 区域装备制造业产业结构升级机理及影响因素研究［J］. 中国软科学，2011（5）：138－147.

［102］钱水土，周永涛. 金融发展、技术进步与产业升级［J］. 统计研究，2011，28（1）：68－74.

［103］钱学锋，王胜，黄云湖，王菊蓉. 进口种类与中国制造业全要素生产率［J］. 世界经济，2011，34（5）：3－25.

［104］芮雪琴，李环耐，张欣，高晓霞. 产业集群升级与区域产业转型的互动关系——基于协整及 VAR 模型的实证分析［J］. 工业技术经济，2014，33（2）：81－86.

［105］沙文兵. 对外直接投资、逆向技术溢出与国内创新能力——基于中国省际面板数据的实证研究［J］. 世界经济研究，2012（3）：69－74＋89.

［106］尚涛. 全球价值链与我国制造业国际分工地位研究——基于增加值贸易与 Koopman 分工地位指数的比较分析［J］. 经济学家，2015（4）：91－100.

［107］邵敏，包群. 出口企业转型对中国劳动力就业与工资的影响：基于倾向评分匹配估计的经验分析［J］. 世界经济，2011，34（6）：48－70.

［108］邵玉君. FDI、OFDI 与国内技术进步［J］. 数量经济技术经济研究，2017，34（9）：21－38.

［109］盛斌，陈帅. 全球价值链如何改变了贸易政策：对产业升级的影响和启示［J］. 国际经济评论，2015（1）：6＋85－97.

［110］盛斌，马涛. 中国工业部门垂直专业化与国内技术含量的关系研究［J］. 世界经济研究，2008（8）：61－67，89.

［111］盛丰. 生产性服务业集聚与制造业升级：机制与经验——来自 230 个城市数据的空间计量分析［J］. 产业经济研究，2014（2）：32－39＋110.

[112] 施炳展. 中国企业出口产品质量异质性：测度与事实 [J]. 经济学（季刊），2013，13（1）：263 – 284.

[113] 宋京. 外国直接投资对我国产业结构升级的影响——对外贸易视角的分析 [J]. 国际贸易问题，2005（4）：82 – 86.

[114] 宋凌云，王贤彬，徐现祥. 地方官员引领产业结构变动 [J]. 经济学（季刊），2013，12（1）：71 – 92.

[115] 宋维佳，王军徽. ODI 对母国制造业产业升级影响机理分析 [J]. 宏观经济研究，2012（11）：39 – 45 + 91.

[116] 苏东水. 产业经济学 [M]. 北京：高等教育出版社，2001.

[117] 苏杭，郑磊，牟逸飞. 要素禀赋与中国制造业产业升级——基于 WIOD 和中国工业企业数据库的分析 [J]. 管理世界，2017（4）：70 – 79.

[118] 孙军. 需求因素、技术创新与产业结构演变 [J]. 南开经济研究，2008（5）：58 – 71.

[119] 唐东波. 贸易开放、垂直专业化分工与产业升级 [J]. 世界经济，2013，36（4）：47 – 68.

[120] 汤婧，于立新. 我国对外直接投资与产业结构调整的关联分析 [J]. 国际贸易问题，2012（11）：42 – 49.

[121] 唐晓华，张欣珏，李阳. 中国制造业与生产性服务业动态协调发展实证研究 [J]. 经济研究，2018，53（3）：79 – 93.

[122] 田巍，余淼杰. 中间品贸易自由化和企业研发：基于中国数据的经验分析 [J]. 世界经济，2014，37（6）：90 – 112.

[123] 田文，张亚青，佘珉. 全球价值链重构与中国出口贸易的结构调整 [J]. 国际贸易问题，2015（3）：3 – 13.

[124] 童健，刘伟，薛景. 环境规制、要素投入结构与工业行业转型升级 [J]. 经济研究，2016，51（7）：43 – 57.

[125] 王健，李佳. 人力资本推动产业结构升级：我国二次人口红利获取之解 [J]. 现代财经（天津财经大学学报），2013，33（6）：

35 – 44 + 78.

[126] 王克岭，罗斌，吴东，董建新. 全球价值链治理模式演进的影响因素研究 [J]. 产业经济研究，2013（4）：14 – 20 + 58.

[127] 汪琦. 对外直接投资对投资国的产业结构调整效应及其传导机制 [J]. 国际贸易问题，2004（5）：73 – 77.

[128] 王思语，郑乐凯. 全球价值链嵌入特征对出口技术复杂度差异化的影响 [J]. 数量经济技术经济研究，2019，36（5）：65 – 82.

[129] 王维国. 协调发展的理论与方法研究 [D]. 东北财经大学，1998.

[130] 王小霞，蒋殿春，李磊. 最低工资上升会倒逼制造业企业转型升级吗？——基于专利申请数据的经验分析 [J]. 财经研究，2018，44（12）：126 – 137.

[131] 王玉燕，林汉川，吕臣. 全球价值链嵌入的技术进步效应——来自中国工业面板数据的经验研究 [J]. 中国工业经济，2014（9）：65 – 77.

[132] 王玉燕，汪玲，詹翮翮. 中国工业转型升级效果评价研究 [J]. 工业技术经济，2016，35（7）：130 – 138.

[133] 魏龙，王磊. 从嵌入全球价值链到主导区域价值链——"一带一路"战略的经济可行性分析 [J]. 国际贸易问题，2016（5）：104 – 115.

[134] 文东伟，冼国明. 中国制造业的垂直专业化与出口增长 [J]. 经济学（季刊），2010，9（2）：467 – 494.

[135] 温忠麟. 张雷，侯杰泰，刘红云. 中介效应检验程序及其应用 [J]. 心理学报，2004（5）：614 – 620.

[136] 吴敬琏. 中国增长模式抉择（增订版）[M]. 上海：上海远东出版社，2008.

[137] 吴文恒，牛叔文. 甘肃省人口与资源环境耦合的演进分析 [J]. 中国人口科学，2006（2）：81 – 86 + 96.

[138] 吴延兵. R&D 存量、知识函数与生产效率 [J]. 经济学（季刊），2006（3）：1129 - 1156.

[139] 席建成，孙早. 劳动力成本上升是否推动了产业升级——基于中国工业断点回归设计的经验证据 [J]. 山西财经大学学报，2017，39（5）：39 - 53.

[140] 冼国明，严兵. FDI 对中国创新能力的溢出效应 [J]. 世界经济，2005（10）：18 - 25 + 80.

[141] 肖磊，鲍张蓬，田毕飞. 我国服务业发展指数测度与空间收敛性分析 [J]. 数量经济技术经济研究，2018，35（11）：111 - 127.

[142] 肖利平，谢丹阳. 国外技术引进与本土创新增长：互补还是替代——基于异质吸收能力的视角 [J]. 中国工业经济，2016（9）：75 - 92.

[143] 肖兴志，李少林. 环境规制对产业升级路径的动态影响研究 [J]. 经济理论与经济管理，2013（6）：102 - 112.

[144] 谢会强，黄凌云，刘冬冬. 全球价值链嵌入提高了中国制造业碳生产率吗 [J]. 国际贸易问题，2018（12）：109 - 121.

[145] 谢建国，周露昭. 进口贸易、吸收能力与国际 R&D 技术溢出：中国省区面板数据的研究 [J]. 世界经济，2009，32（9）：68 - 81.

[146] 辛大楞. 金融市场发展、跨境资本流动与国家金融安全研究 [M]. 北京：中国社会科学出版社，2023.

[147] 徐美娜，沈玉良. 产品内分工、中美顺差与贸易利益——一个笔记本电脑企业的微观视角 [J]. 世界经济研究，2011（4）：43 - 48 + 88.

[148] 徐仙英，张雪玲. 中国产业结构优化升级评价指标体系构建及测度 [J]. 生产力研究，2016（8）：47 - 51.

[149] 徐毅，张二震. 外包与生产率：基于工业行业数据的经验研究 [J]. 经济研究，2008（1）：103 - 113.

[150] 徐赟，李善同. 中国主导产业的变化与技术升级——基于列

昂惕夫天际图分析的拓展 [J]. 数量经济技术经济研究，2015，32 (7)：21 - 38.

[151] 薛继亮. 技术选择与产业结构转型升级 [J]. 产业经济研究，2013 (6)：29 - 37.

[152] 杨丹萍，杨丽华. 对外贸易、技术进步与产业结构升级：经验、机理与实证 [J]. 管理世界，2016 (11)：172 - 173.

[153] 杨飞虎，晏朝飞，熊毅. 政府投资、人力资本提升与产业结构升级——基于面板 VAR 模型的实证分析 [J]. 经济问题探索，2016 (12)：18 - 25.

[154] 杨浩昌，李廉水，刘军. 高技术产业聚集对技术创新的影响及区域比较 [J]. 科学学研究，2016，34 (2)：212 - 219.

[155] 杨红丽，陈钊. 外商直接投资水平溢出的间接机制：基于上游供应商的研究 [J]. 世界经济，2015，38 (3)：123 - 144.

[156] 杨虎涛，田雨. 演化经济学的技术追赶理论：特质、脉络、关键概念及其拓展 [J]. 学习与探索，2015 (7)：95 - 99.

[157] 阳立高，龚世豪，王铂，晁自胜. 人力资本、技术进步与制造业升级 [J]. 中国软科学，2018 (1)：138 - 148.

[158] 阳立高，谢锐，贺正楚，韩峰，孙玉磊. 劳动力成本上升对制造业结构升级的影响研究——基于中国制造业细分行业数据的实证分析 [J]. 中国软科学，2014 (12)：136 - 147.

[159] 杨汝岱，姚洋. 有限赶超与经济增长 [J]. 经济研究，2008 (8)：29 - 41 + 64.

[160] 杨士弘，廖重斌，郑宗清. 城市生态环境学 [M]. 北京：科学出版社，1996.

[161] 杨士弘，廖重斌. 关于环境与经济协调发展研究方法的探讨 [J]. 广东环境监测，1992 (4)：2 - 6.

[162] 姚昕，刘希颖. 基于增长视角的中国最优碳税研究 [J]. 经济研究，2010，45 (11)：48 - 58.

［163］姚洋，章林峰．中国本土企业出口竞争优势和技术变迁分析［J］．世界经济，2008（3）：3－11．

［164］姚志毅，张亚斌．全球生产网络下对产业结构升级的测度［J］．南开经济研究，2011（6）：55－65．

［165］易信，刘凤良．金融发展、技术创新与产业结构转型——多部门内生增长理论分析框架［J］．管理世界，2015（10）：24－39＋90．

［166］尹东东，张建清．我国对外直接投资逆向技术溢出效应研究——基于吸收能力视角的实证分析［J］．国际贸易问题，2016（1）：109－120．

［167］余东华，田双．嵌入全球价值链对中国制造业转型升级的影响机理［J］．改革，2019（3）：50－60．

［168］遇芳．中国对外直接投资的产业升级效应研究［D］．中国社会科学院研究生院，2013．

［169］于津平，邓娟．垂直专业化、出口技术含量与全球价值链分工地位［J］．世界经济与政治论坛，2014（2）：44－62．

［170］于立宏，贺媛．能源替代弹性与中国经济结构调整［J］．中国工业经济，2013（4）：30－42．

［171］袁航，朱承亮．国家高新区推动了中国产业结构转型升级吗［J］．中国工业经济，2018（8）：60－77．

［172］原毅军，谢荣辉．环境规制的产业结构调整效应研究——基于中国省际面板数据的实证检验［J］．中国工业经济，2014（8）：57－69．

［173］岳意定，谢伟峰．城市工业转型升级发展水平的测度［J］．系统工程，2014，32（2）：132－137．

［174］曾繁清，叶德珠．金融体系与产业结构的耦合协调度分析——基于新结构经济学视角［J］．经济评论，2017（3）：134－147．

［175］张春龙．全球价值链下物流产业集群升级研究［D］．湖南大学，2012．

［176］张国强，温军，汤向俊．中国人力资本、人力资本结构与产业结构升级［J］．中国人口·资源与环境，2011，21（10）：138－146.

［177］张辉．全球价值链动力机制与产业发展策略［J］．中国工业经济，2006（1）：40－48.

［178］张辉．全球价值链下地方产业集群升级模式研究［J］．中国工业经济，2005（9）：11－18.

［179］张辉．全球价值链理论与我国产业发展研究［J］．中国工业经济，2004（5）：38－46.

［180］张建华．基于新兴工业化道路的工业结构优化升级研究［M］．北京：中国社会科学出版社，2012.

［181］张杰．负债率如何影响生产率——基于中国工业部门U型关系的一个解释［J］．财贸经济，2019，40（3）：68－83.

［182］张杰，陈志远，刘元春．中国出口国内附加值的测算与变化机制［J］．经济研究，2013，48（10）：124－137.

［183］张杰，郑文平，陈志远．进口与企业生产率——中国的经验证据［J］．经济学（季刊），2015，14（3）：1029－1052.

［184］张其仔．中国能否成功地实现雁阵式产业升级［J］．中国工业经济，2014（6）：18－30.

［185］张其仔．比较优势的演化与中国产业升级路径的选择［J］．中国工业经济，2008（9）：58－68.

［186］张若雪．人力资本、技术采用与产业结构升级［J］．财经科学，2010（2）：66－74.

［187］张小蒂，孙景蔚．基于垂直专业化分工的中国产业国际竞争力分析［J］．世界经济，2006（5）：12－21.

［188］张翊，陈雯，骆时雨．中间品进口对中国制造业全要素生产率的影响［J］．世界经济，2015，38（9）：107－129.

［189］张宇．FDI技术外溢的地区差异与吸收能力的门限特征——基于中国省际面板数据的门限回归分析［J］．数量经济技术经济研究，

2008（1）：28－39.

［190］赵红，张茜. 外商直接投资对中国产业结构影响的实证研究
［J］. 国际贸易问题，2006（8）：82－86.

［191］赵伟，古广东，何元庆. 外向 FDI 与中国技术进步：机理分
析与尝试性实证［J］. 管理世界，2006（7）：53－60.

［192］钟茂初，李梦洁，杜威剑. 环境规制能否倒逼产业结构调
整——基于中国省际面板数据的实证检验［J］. 中国人口·资源与环
境，2015，25（8）：107－115.

［193］周昌林，魏建良. 产业结构水平测度模型与实证分析——以
上海、深圳、宁波为例［J］. 上海经济研究，2007（6）：15－21.

［194］周茂，陆毅，符大海. 贸易自由化与中国产业升级：事实与
机制［J］. 世界经济，2016，39（10）：78－102.

［195］周振华. 产业结构优化论［M］. 上海：上海人民出版社，
1992.

［196］朱海燕. 产业集群升级：内涵、关键要素与机理分析［J］.
科学学研究，2008，26（S2）：380－390.

［197］朱平芳，徐伟民. 政府的科技激励政策对大中型工业企业
R&D 投入及其专利产出的影响——上海市的实证研究［J］. 经济研究，
2003（6）：45－53＋94.

［198］卓越，张珉. 全球价值链中的收益分配与"悲惨增
长"——基于中国纺织服装业的分析［J］. 中国工业经济，2008（7）：
131－140.

［199］Advincula，R. Outward Foreign Direct Investments，Competi-
tiveness，and Industrial Upgrading：The Case of the Republic of Korea［R］.
KDI School of International Policy and Management，South Korea，2000.

［200］Aghion，P.，R. Blundell，R. Griffith，P. Howitt，and S. Prantl.
The Effects of Entry on Incumbent Innovation and Productivity［J］. The Re-
view of Economics and Statistics，2009，91（1）：20－32.

[201] Amiti, M. , J. Konings. Trade Liberalization, Intermediate Inputs, and Productivity: Evidence from Indonesia [J]. American Economic Review, 2007, 97 (5): 1611 – 1638.

[202] Antràs, P. , D. Chor, T. Fally, and R. Hillberry. Measuring the Upstreamness of Production and Trade Flows [J]. American Economic Review, 2012, 102 (3): 412 – 416.

[203] Baron, R. M. , and D. A. Kenny. The Moderator-mediator Variable Distinction in Social Psychological Research: Conceptual, Strategic, and Statistical Considerations [J]. Journal of Personality and Social Psychology, 1986, 51 (6): 1173 – 1182.

[204] Barro, R. J. Economic Growth in a Cross-section of Countries [J]. Quarterly Journal of Economics, 1991, 106 (2): 407 – 443.

[205] Barro, R. J. , and X. Sala – I – Martin. Technological Diffusion, Convergence, and Growth [J]. Journal of Economic Growth, 1997, 2 (1): 1 – 26.

[206] Bazan, L. , and L. Navas – Alemán. The Underground Revolution in the Sinos Valley: A Comparison of Upgrading in Global and National Value Chains [J]. Chapters, 2004.

[207] Blomström, M. , E. K. Denise, and E. L. Robert. FDI in the Restructuring of the Japanese Economy [R]. NBER Working Paper No. 7693, 2000.

[208] Bloom, N. , M. Draca, and J. Van – Reenen. TradeInduced Technical Change? The Impact of Chinese Imports on Innovation, IT and Productivity [J]. The Review of Economic Studies, 2016, 83 (1): 87 – 117.

[209] Bøler, E. A. , A. Moxnes, and K. H. Ulltveit – Moe. R&D, International Sourcing and the Joint Impact on Firm Performance [J]. The American Economic Review, 2015, 105 (12): 3704 – 3739.

[210] Branstetter, L. G. Are Knowledge Spillovers International or In-

tranational in Scope?: Microeconometric Evidence from the U. S. and Japan [J]. Journal of International Economics, 2001, 53 (1): 53 – 79.

[211] Chen, J. E. , and S. A. M. Zulkifli. Malaysian Outward FDI and Economic Growth ☆ [J]. Procedia – Social and Behavioral Sciences, 2012, 65 (3): 717 – 722.

[212] Cohen, W. M. , and D. A. Levinthal. Innovation and Learning: The Two Faces of R&D [J]. Economic Journal, 1989, 99 (397): 569 – 596.

[213] Daudin, G. , C. Rifflart, and D. Schweisguth. Who Produces for Whom in the Word Economy? [Z]. OFCE Working Paper, No. 2009 – 18, Paris: Sciences Po, 2009.

[214] Dean, J. , K. C. Fung, and Z. Wang. How Vertically Specialized is Chinese Trade [J]. Office of Economics Working Paper, No. 2008 – 09 – Dec. , 2008.

[215] Dietzenbacher, E. , I. R. Romero, and N. S. Bosma. Using Average Propagation Lengths to Identify Production Chains in the Andalusian Economy/Empleando Longitudes Medias de Propagación Para Identificar Cadenas Productivasen la Economía Andaluza [J]. Estudios de Economía Aplicada, 2015, 23: 405 – 422.

[216] Elia, S. , I. Mariotti, and L. Piscitello. The Impact of Outward FDI on the Home Country's Labour Demand and Skill Composition [J]. International Business Review, 2009, 18 (4): 357 – 372.

[217] Ernst, D. Catching-up and Post-crisis Industrial Upgrading, Searching or New Sources of Growth in Korea's Electronics Industry [A]. DEYO, F, R. DONER, E. HERSHBERG. Economic Governance and the Challenge of Flexibility in East Asia, Lanham: Rowmanand Littlefield Publishers [C]. 2001: 137 – 164.

[218] Escaith, H. , and S. Inomata. Geometry of Global Value Chains in East Asia: The Role of Industrial Networksand Trade Policies [C]//

Elms, D. K. , Low, P. Global Value Chains in a Changing World. WTO Secretariat, Switzer-land, 2013: 135 – 159.

[219] Fally, T. On the Fragmentation of Production in the US [R]. University of Colorado, mimeo, 2012.

[220] Gereffi, G. Shifting Governance Structures in Global Commodity Chains, with Special Reference to the Internet [J]. American Behavioral Scientist, 2001, 44 (10): 1616 – 1637.

[221] Gereffi, G. A Commodity Chains Framework for Analyzing Global Industries [J]. Institute of Development Studies, 1999, 8 (12): 1 – 9.

[222] Gereffi, G. International Trade and Industrial Upgrading in the Apparel Commodity Chain [J]. Journal of International Economics, 1999 (48): 37 – 70.

[223] Gereffi, G. Industrial Upgrading in the Apparel Commodity Chain: What can Mexico Learn from East Asia? [R]. Paper Presented at International Conference on Business Transformations and Social Change in East Asia, 1999.

[224] Gereffi, G. , J. Humphrey, and T. Sturgeon. The Governance of Global Value Chains [J]. Review of International Political Economy, 2005, 12 (1): 78 – 104.

[225] Gereffi, G. , and J. Lee. Why the World Suddengly Cares about Global Supply Chains [J]. Journal of Supply Chain Management, 2012, 48 (3), 24 – 32.

[226] Gereffi, G. , and O. Memedovic. The Global Apparel Value Chain: What Prospects for Upgrading by Developing Countries [R]. United Nations Industrial Development Organization, http://www. unido. org, 2003.

[227] Giuliani, E. , C. Pietrobelli, and R. Rabellotti. Upgrading in Global Value Chains: Lessons from Latin American Clusters [J]. World Development, 2005, 33 (4): 549 – 573.

［228］Gorg, H. , and G. David. Much Ado about Nothing? Do Domestic Firms Really Benefit from Foreign Direct Investment? ［J］. World Bank Research Observer, 2004（192）: 171 – 197.

［229］Gorodnichenko, Y. , J. Svejnar, and K. Terrell. Globalization and Innovation in Emerging Markets ［J］. World Bank Policy Research Working Paper Series, 2009.

［230］Grossman, G. M. , and E. Helpman. Innovation and Growth in the Global Economy ［M］. Cambridge, MA. : The MIT Press, 1991.

［231］Hallak, J. , and J. Sivadasan. Productivity, Quality and Exporting Bbehavior Under Minimum Quality Requirements ［J］. NBER Working Paper No. 14928, 2009.

［232］Halpern, L. , M. Koren, and A. Szeidl. Imported Inputs and Productivity ［J］. CeFiG Working Papers, 2009.

［233］Hansen, B. E. Threshold Effects in Non-dynamic Panels: Estimation, Testing, and Inference ［J］. Journal of Econometrics, 1999（93）: 345 – 368.

［234］Hausmann, R. , J. Hwang, and D. Rodrik. What You Export Matters ［J］. Journal of Economic Growth, 2007, 12（1）: 1 – 25.

［235］Hopkins, T. K. , and I. Wallerstein. Commodity Chains in the World – Economy Prior to 1800 ［J］. Review, 1986, 10（1）: 157 – 170.

［236］Hummels, D. , J. Ishii, and K. M. Yi. The Nature and Growth of Vertical Specialization in World Trade ［J］. Journal of International Economics, 2001, 54（1）: 75 – 96.

［237］Humphrey, J. , and H. Schmitz. Governance in Global Value Chains ［J］. Ids Bulletin, 2010, 32（3）: 19 – 29.

［238］Humphrey, J. , and H. Schmitz. Chain Governance and Upgrading: Taking Stock ［A］. in Schmitz, H（ed）. Local Enterprises in the Global Economy: Issues of Governance and Upgrading ［C］. Cheltenham:

Elgar, 2004: 349 - 381.

[239] Humphrey, J., and H. Schmitz. How does Insertion in Global Value Chains Affect Upgrading in Industrial Clusters? [J]. Regional Studies, 2002, 36 (9): 1017 - 1027.

[240] Inomata, S. A. New Measurement for International Fragmentation of the Production Process: An International Input - Output Approach [Z]. IDE Discussion Paper, No. 175, 2008.

[241] Jang, Y. J., and H. J. Hyun. Comparative Advantage, Outward Foreign Direct Investment and Average Industry Productivity: Theory and Evidence [J]. Korean Economic Review, 2015 (2): 327 - 357.

[242] Jefferson, G. FDI, Technological Innovation, and Spillover: Evidence from Largeand Medium Size Chinese Enterprises [J]. Mimeo, Brandeis University: Waltham, MA, 2001.

[243] Johnson, R. C., and G. Noguera. Accounting for Intermediates: Production Sharing and Trade in Value Added [J]. Journal of International Economics, 2012, 86 (2): 224 - 236.

[244] Kaplinsky, R., and M. Morris. Governance Matters in Value Chains [J]. Developing Alternatives, 2003, 9 (1): 1 - 18.

[245] Kaplinsky, R., and M. Morris. Handbook for Value Chain Research. Prepared for IDRC [R]. 2001: 25 - 40.

[246] Kelle, M. Crossing Industry Borders: German Manufacturers as Services Exporters [J]. World Economy, 2012, 26 (12): 1494 - 1515.

[247] Kennedy, C. Induced Bias in Innovation and the Theory of Distribution [J]. The Economic Journal, 1964, 19 (3): 541 - 547.

[248] Kishimoto, C. Clustering and Upgrading in Global Value Chains: The Taiwanese Personal Computer Industry [J]. Chapters, 2004.

[249] Kogut, B. Designing Global Strategies: Comparative and Competitive Value - Added Chains [J]. Sloan Management Review, 1985, 26

(4): 15 – 28.

[250] Kogut, B. , and S. J. Chang. Technological Capabilities and Japanese Foreign Direct Investment in the United States [J]. Review of Economics & Statistics, 1991, 73 (3): 401 – 413.

[251] Koopman, R. , W. Power, Z. Wang, and S. J. Wei. Give Credit to Where Credit is Due: Tracing Value Added in Global Production [R]. NBER Working Paper No. 16426, 2010.

[252] Koopman, R. , Z. Wang, and S. J. Wei. Tracing Value – Added and Double Counting in Gross Exports [J]. American Economic Review, 2014, 104 (2): 459 – 494.

[253] Koopman, R. , Z. Wang, and S. J. Wei. How Much of Chinese Exports is Really Made in China? Assessing Domestic Value – Added When Processing Trade Is Pervasive [Z]. NBER working Paper, No. 14109, 2008.

[254] Krugman, P. R. Increasing returns, monopolistic competition, and international trade [J]. Journal of International Economics, 1979, 9 (4): 469 – 479.

[255] Kuzhets, S. Economic Growth and Income Inequality [J]. America Economic Review, 1973, 45 (1): 18 – 52.

[256] Lee, J. R. , and J. S. Chen. Dynamic Synergy Creation with Multiple Business Activities: Toward a Competence – Based Growth Model for Contract Manufacturers. Sanchez, I. R. , and A. Heene. Eds. , Research in Competence – Based Management: Advances in Applied Business Strategy 6A: 311 – 342. London: Elsevier, 2000.

[257] Lewbel, A. Constructing Instruments for Regressions with Measurement Error When No Additional Data are Available, with an Application to Patents and R&D [J]. Econometrica, 1997, 65 (5): 1201 – 1213.

[258] Mackinnon, D. P. , C. M. Lockwood, J. M. Hoffman, S. G. West,

and V. Sheets. A Comparison of Methods to Test Mediation and other Intervening Variable Effects [J]. Psychological Methods, 2002, 7 (1): 83 –104.

[259] Mathews, J. A. Dragon Multinationals: New Players in 21st Century Globalization [J]. Asia Pacific Journal of Management, 2006, 23 (1): 5 –27.

[260] Melitz, M. J. , and G. I. P. Ottaviano. Market Size, Trade, and Productivity [J]. Review of Economic Studies, 2008, 75 (1): 295 –316.

[261] Melitz, M. J. The Impact of Trade on Intra-industry Reallocations and Aggregate Industry Productivity [J]. Econometrica, 2003, 71 (6): 1695 –1725.

[262] Molinari, B. , J. Rodríguez, and J. L. Torres. Growth and Technological Progress in Selected Pacific Countries [J]. Japan & the World Economy, 2013, 28 (6): 60 –71.

[263] Peretto, P. F. Endogenous Market Structureand the Growth and Welfare Effects of Economic Integration [J]. Journal of International Economics, 2003, 60 (1): 177 –201.

[264] Pietrobelli, C. , and R. Rabellotti. Upgrading to Compete Global Value Chains, Clusters, and SMEs in Latin America [J]. Inter – American Development Bank, 2006.

[265] Porter, M. E. The Competitive Advantage of Notions [J]. Harvard Business Review, 1990.

[266] Porter, M. E. Clusters and Competition [J]. On Competition, 1998 (7): 91.

[267] Poont, S. C. Beyond the Global Production Networks: A Case of Further Upgrading of Taiwan's Information Technology Industry [J]. International Journal of Technology and Globalisation, 2004, 1 (1): 130 –144.

[268] Powell, B. State Development Planning: Did It Create an East Asian Miracle? [J]. Review of Austrian Economics, 2005, 18 (3 –4):

305 – 323.

[269] Powell, B. , and W. Walter. Neither Market nor Hierarchy: Network Forms of Organization [J]. Research in Organizational Behavior, 1990 (12): 295 –336.

[270] Reeg, C. Micro, Small and Medium Enterprise Upgrading in Low-and Middle – Income Countries: A Literature Review [J]. Discussion Paper, Deutsches Institut für Entwicklungspolitik, 2013.

[271] Robert, E. , and Jr. Lucas. Making a Miracle [J]. Economitrica, 1993, 61 (2): 251 –272.

[272] Romer, P. M. Endogenous Technological Change [J]. NBER Working Papers, 1990, 98 (5): 71 –102.

[273] Romer, P. M. Increasing Returns and Long Run Growth [J]. Journal of Political Economy, 1986, 27 (10): 715 –743.

[274] Schmitz, H. Local Upgrading in Global Chains: Recent Findings [J]. Institute of Development Studies. Sussex, 2004.

[275] Schmitz, H. , and P. Knorringa. Learning from Global Buyers [J]. Journal of Development Studies, 2000, 37 (2): 177 –205.

[276] Sobel, M. Direct and Indirect Effects in Linear Structural Equation Models [J]. Sociological Methods Research, 1987, 16 (1): 155 – 176.

[277] Solow, R. M. Technical Change and the Aggregate Production Function [J]. The Review of Economics and Statistics, 1957, 39 (3): 312 –320.

[278] Solow, R. M. A Contribution to the Theory of Economic Growth [J]. The Quarterly Journal of Economics, 1956 (70): 65 –94.

[279] Stehrer, R. Trade in Value Added and the Value Added in Trade [J]. WIOD Working Paper 8, 2012: 1 –19.

[280] Sturgeon, T. , and M. Kawakami. Global Value Chains in the

Electronics Industry: Was the Crisis a Window of Opportunity for Developing Countries? [R]. Policy Research Working Paper, 2010.

[281] Sturgeon, T. , and J. R. Lee. Industry Co-evolution and the Rise of a Shared Supply-base for Electronics Manufacturing [R]. Paper Presented at Nelson and Winter Conference, 2001.

[282] Swan, T. W. Economic Growth and Capital Accumulation [J]. The Economic Record, 1956, 3 (63): 334 – 361.

[283] Tewari, M. Successful Adjustment in Indian industry: The Case of Ludhiana's Woolen Knitwear Cluster [J]. World Development, 1999, 27 (9): 1651 – 1672.

[284] Upward, R. , Z. Wang, and J. Zheng. Weighing China's Export Basket: The Domestic Content and Technology Intensity of Chinese Exports [J]. Journal of Comparative Economics, 2013, 41 (2): 527 – 543.

[285] Wang, Z. , S. J. Wei, and K. Zhu. Quantifying International Production Sharing at the Bilateral and Sector Levels [J]. National Bureau of Economic Research Working Paper No. 19677, 2014.

[286] Wang, Z. , S. J. Wei, X. D. Yu, and K. F. Zhu. Characterizing Global Value Chains: Production Length and Up-streamness [Z]. NBER working paper, No. 23261, 2017.

[287] Xing, Y. , and N. Detert. How the IPhone Widens the United States Trade Deficit with the People's Republic of China [J]. ADBI Working Paper, 2010.